비열한 시장,
외로움에 지쳐있는
그대에게

비열한 시장, 외로움에 지쳐있는 그대에게

초판 1쇄 인쇄 2021년 3월 15일
초판 1쇄 발행 2021년 3월 20일

지은이 김태수
펴낸이 전익균

기 획 백현서, 조양제
이 사 김영진
실 장 허태훈
편 집 김 정
관 리 이주용, 전이랑, 조성오
개 발 박수아
교 육 민선아
마케팅 팀메이츠

펴낸곳 도서출판 새빛북스, (주)아미푸드앤미디어
전 화 (02) 2203-1996, 031)427-4399 **팩스** (050) 4328-4393
출판문의 및 원고투고 이메일 svedu@daum.net
등록번호 제215-92-61832호 **등록일자** 2010. 7. 12

값 16,000원
979-11-972966-3-5(03320)

이 도서의 국립중앙도서관 출판시도서목록(CIP)은 서지정보유통지원시스템 홈페이지(http://seoji.nl.go.kr)와 국가자료공동목록시스템(http://www.nl.go.kr/kolisnet)에서 이용하실 수 있습니다.(CIP제어번호 : CIP2020054753)

주식 시장에서
힘겨워 하는 투자자들을 위한
공감 에세이

비열한 시장,
외로움에 지쳐있는
그대에게

———

금융작가
김 태 수

———

감수
이 승 조

도서출판 새빛
SAEVIT

목차

3 / 서툴지만, 조금 더 현명해지는 법

4 / 나, 너, 우리. 모두 비슷해……

5/ 시장에서 개인 투자자들이 이기는 법

주식투자는 크게 전략과 마음으로 나뉘게 됩니다.
수없이 넘쳐나는 전략에도 개인투자자들이 이기지 못하는 시장, 성공보다 실패가 압도적으로 많은 시장에서 이제 투자자들은 자신의 마음을 들여다 보아야만 성공으로 나아갈 수 있습니다.

개인투자자로서의 삶을 살아보았다면 누구나 느껴봤을 가족 안에서의 외로움에 대한 감정. 식사 시간 가족들과 작은 웃음조차 진심으로 함께하지 못하는 투자자들의 마음을 일반적인 인문학적 관점의 사고로는 이해하지 못합니다.

일반화된 인문학적 사고들이 투자자들의 마음을 더 지치게 만들면 투자자들은 더 일찍 포기하려고 합니다.

주식시장은 매우 특별한 시간 속에 놓여진 공간이기에 일반화된 인문학적 마음으로는 위기를 헤쳐나갈 수 없습니다.

개인투자자들은 투자자로서 생각하고 행동하는 법을 익혀야만 합니다. 하지만 안타깝게도 주식 시장엔 성공을 위한 마음을 가이드 하고, 실패한 이들의 마음을 달래 줄 어떤 장치도 없습니다.

이 책을 통해 성공을 원하는 투자자들이 흔들림 없이 추세를 탈 수 있도록 마음 다스리는 법을 생각하고, 실패한 투자자들이 최선을 다했다 스스로 위로하지 말고 새로운 시작을 위해 냉철하게 자기 마음속을 들여다 볼 수 있는 좋은 기회가 되시길 희망합니다.

2021년 3월

김태수 드림

주식투자로 힘들어 하는 주위 분들에게 이 책을 선물하시고
솔직한 위로와 응원을 전하세요.
그들은 반드시 성공하실 수 있는 투자자입니다.

1

힘겨운 시장
외로움에
지쳐있는 그대에게

작은 웃음으로 넘기는 법

너덜너덜해진 마음으로
작은 손실에 안도하고

쌓이는 손실에 대한 두려움에도
저녁 식탁에선 크게 웃는다.

솔직한 표정으로
작게 웃는 법을 배울 때

비로소 가족들은 당신에게 관심을 가진다.

진짜 위로

어릴 적, 크기만 하던 아버지의 손
그 손으로 뒤통수를 죽을 만큼 강하게
얻어 맞는 것이다.

그렇게 눈물이 쏙 빠지고 나면
막혔던 속이 후련함을 느낄 수 있다.

또렷한 정신으로 울어라
그렇게 울고 나면
내일 다시 시작할 용기가 솟아난다.

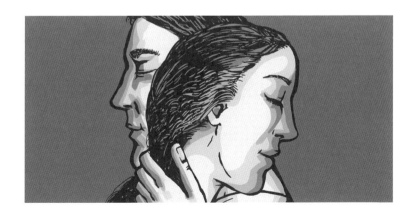

오래 묵은 종목

1년, 2년, 3년······
묵혀 두면 맛있다는 묵은지도
이 정도 기간이 넘어가면 "먹어도 되나" 의심부터 한다.

손실이 발생하고, 가격이 추세를 이탈하고
그러다 어찌할 수 없을 만큼 손해가 커지면
우리의 무의식에선 방어기제가 발동한다.

그리고 내가 바보임을 가리려 포장하기 시작한다.
'이건 평생 가는 거야'
'이건 시장 돌아가는 거 보려고 잡고 있는 거야'

그러면서 회상한다. '이거 살 때, 참 좋았다.'
추억을 되새기며 사는 그 행복감~~~, 병이다.
결정장애···
주식투자 실패자들이 흔하게 겪는 주식쟁이 병···

비열한 시장, 외로움에 지쳐있는 그대에게

손은 눈보다 빠르다

눈이 어떤 사실을 인지하고 뇌까지 정보를 전달하는 시간
뇌가 손을 움직여 하나의 동작을 마무리하기까지 걸리는 시간
그 짧은 시간에 많은 것들이 결정된다.
하지만, 그럼에도 불구하고 주식쟁이의 손은 눈보다 빠르다.

나의 허세와 자존심과 무지함들이
왜곡된 정보를 뇌에 전달한다.
뇌와 눈이 서로 진실을 확인하는
몇 번의 눈 깜빡임이 일어나는 시간, 1~2초

그 사이 당신의 손은 이미
마우스 왼쪽 버튼을 서너 번 눌러 버렸고
'beep'소리와 함께 알림창이 눈 앞에 펼쳐진다.

"고객님의 주문이 정상 처리되었습니다."

흔들리는 마음

1초를 몇 번으로 나누는 시간
가격은 그렇게 빠르게 변하고 있다.
우리 마음도
1초면 몇 번이나
가격이 변할 때 마다
고민하고 바뀌고 다시 돌아오길 반복한다.
바뀌고 또 바뀐다.

그만큼 우린 바뀌는 마음을 붙잡고 붙잡고
또 붙잡으려 애쓰며 살고 있다.
그 고단함을 어찌 표현할 수 있을까?

그러던 중에 딱 한 순간
찰나의 시간에 뇌가 틈을 보이면
눈은 뇌를 속이고, 손은 눈보다 빨라진다.

내 편, 네 편

'또 손해야?'
'나한테 주식 얘기 하지도 마'
'나는 상관 안 해요'
'그 돈은 자기가 알아서 해'
'주식 한다고 힘든 거 집에서 티 내지마'

이런 말들로 상처 받고 있다면
위로 받기를 포기한 건 당신이 먼저였을 것이다.

주식 좀 한다고
당신 옆에 있는 세상에 둘도 없는 내 편을
남의 편이 될 수밖에 없도록
담을 쌓은 건 당신이기 때문이다.

어리석음

어리석다는 것은 성공의 좋은 시작이다.
내가 어리석음을 안다는 것은
나를 바꿀 수 있다는 뜻이기 때문이다.

그런데 투자자들 대부분은
어리석다는 말을 듣는 것을 두려워한다.
그래서 실패한 이론만 탐구하고
자극적이고 흥미 위주의 유튜브 방송만을 골라 본다.
그런 것들을 모르면 뒤쳐지고 어리석게 보이니까

자신이 어리석다는 것을 알아야
잘못된 투자 방법을 벗어날 수 있다.

세상을 조금 어리석게 산다고 해서
시장에서 성공하는 나를
이상하다고 비웃을 사람은 없다.

위로

가끔 스스로를 위로해야 하는 순간이 있다.

어떤 시선도, 어떤 도움도, 그 어떤 책임도
모두 무심하게 뒤로 하고
가만히 내 안의 나를 위로해야 하는 순간

괜찮아?
그 질문에
솔직해져야 하는 순간이다.

아니, 안 괜찮아!
그래? 그럼 쉬자.

두려움이 나를 밀어 붙일 때
나를 위로하는 휴식이 필요한 때이다.

치유

돈으로 받은 상처 돈으로 고치고
사람으로 받은 상처 사람으로 고친다.
주식으로 받은 상처 무엇으로 고치나?

버려라
끊어라
포기해라

주식으로 받은 상처는 치유되지 않으니
그냥 잊어라

서운함

조금 올랐다가
다시 내려 간다고
서운해 마라

또 올라 온다.

주식은 언제나 아래 위로 움직인다.

기억해야만 하는 것

비굴해 지지 말고, 창피해 하지도 말자.
실패해도 당당하자.

왜?
난 가족을 위해 험난한 시장에 뛰어들었고
매 순간 최선을 다했으니까
그것 하나만 기억하면 된다.

나의 지식이 모자랐을 수도 있고
나의 체력이 모자랐을 수도 있다.
하지만 주어진 삶에 최선을 다했다.

실패했지만
난 여전히 가족을 위해 최선을 다해 살고 있다.

거짓말

세상이 모르고, 하늘조차 몰라도
나는 안다.
스스로는 알고 있다.
내 투자가 논리적이지 못했다는 것을……

그래서
경제니 환율이니 유가니 하는
어려운 말들만 열심히 뉴스를 뒤져서 늘어 놓는다.

아무도 모르지만 스스로는 안다.
그 허황된 말들은 내 지식이 아니라
나의 투자에는 쓸모 없었던 주워들은 쓰레기임을……

그렇게 우리는 오늘도 스스로에게 거짓말을 한다.

진심

누구든, 상대의 진심을 느껴야
대화를 시작하고 이해 할 준비를 한다.

외롭다고 말하기 전에, 진심을
나의 부끄러움을 온전히 보인 적이 있는가?
투자는 외로움을 그림자처럼 가지고 다닌다.

부모가, 남편이, 아내가 그리고 자식들이
나를 이해해주기 바란다면
꾸미지 말고, 변명하지 말고
세상에서 가장 쉬운 언어로 진심을 다해
투자의 처음부터 모든 과정을 얘기해야 한다.

결국 나를 실패의 늪에서 건져 줄 사람은
그들이기 때문이다.

24hour/7day

쉼 없이 언제나 불안할 것이다.
익숙해질 수 없다면, 포기하는 게
모두를 위하고, 본인도 오래 사는 길이다.

담배 한 개비의 불안감이 생명단축 12분이라면
주식에 손을 대는 순간, 생명단축 12년 일 수도 있다.

그러니, 불안감을 자연스럽게 여길 수 없다면
주식투자는 하지 않는 게 좋다.

그런 날

'내가 왜 그랬을까?'
어이없이 그렇게 하소연 하게 되는
그런 날이 누구에게나 있다.

무언가에 홀린 듯, 주문이 나간 그 순간
마우스를 움켜 쥔 손을 자르고 싶을 정도로
자책하게 되는 그런 날이 온다.

울고 싶은 그런 날
찰나의 고민도 필요 없이
가장 빠른 반대매매가 가장 최선의 길이다.

그저 놀란 가슴 진정시킬
따뜻한 커피 한 잔이 필요한
그런 날이 누구에게나 갑자기 다가 온다.

그만 할까?

더 이상 시장에 맞서지 못하고
두려움에 위축되는 그런 날들이
하루 이틀 쌓이고
또 다시 쌓이다 보면

"주식, 그만 할까?"

이 질문 앞에 내 자아는 처참히 무너져 내린다.

실패자가 되어 버린 것 같은
부끄러움이 내 인생 전부를 감싸 안는다.

어떡하지?
내가 뭐 하러 이 고생을 하지?
벗어 날까?
주식, 그만 할까?

숨고 싶은 마음

손실이 쌓이고
가족에게 정신적 피해를 주고
아이들 볼 낯이 없어지고
내가 싫어져서 숨고만 싶어지는
그런 마음이 생기거든

그 마음의 모가지를 비틀어
나를 위로해 주는 이에게 가져다 주고
함께 욕을 바가지로 퍼부어라
아주 시원하게

숨는 순간 당신은 패배자가 되어 갈 것이다.
그러니 절대 숨지 말고
차라리 위로해 달라고 혼내 달라고
그렇게 뻔뻔해져라

비열한 시장, 외로움에 지쳐있는 그대에게

나를 마주하는 시간

숨고 싶은 마음의 모가지를 비틀던 날
드디어 우린 스스로를 아주 담백하고 솔직하게 바라 볼
기회를 갖게 된다.

내가 어떻게 앞으로 투자를 하게 될지
나의 투자 스타일을 어떻게 완성할 수 있을지
그 길이 보일 때까지
나를 바라보고 또 바라보아야 한다.

숨지 말고 당당하게 더 창피할 것도 없으니 솔직하게
나를 마주하고 주식 투자의 길을 완성해야만 한다.

나를 마주할 수 있는 이 시간이
마지막 기회임을 알아야 한다.

고향집을 떠나오는 마음

추석에
설날에
시시 때때로
잘 안 풀리는 자식을
떠나 보내는 어머님의 마음보다
더 무너져 내리는 마음은 없다.

알지만
모친의 그 모습 뒤돌아 보면
고향 집 떠나오는 내 마음도 무너져 내리고
내일을 살아 갈 용기도 사그라 든다.

그래서
마치 내일 다시 올 것처럼
웃으며 차에 올라 타고
가족들에게 빨리 타라고 호통을 치고는
서둘러 동네 어귀를 빠져 나간다.

고향집 떠나오며
뒤를 돌아 본다는 것은
내 마음에 천근 바위를 얹어 두는 것과 같다.

실패한 종목을 다시 뒤돌아 보는 것 역시 그러하다.

미련한 감정 소모로
내 곁에 오는 새로운 기회를 놓치진 말자.

나를 잃어갈 때

주식투자를 처음 시작하는 이들에게 가장 중요한 밑천은
자신의 경험과 지식과 네트워크이다.
지난 수십 년을 살며 쌓아둔 나의 세월인 것이다.

의사가 제약주가 아니고 반도체에 투자하는 것은
나에게 유리한 모든 것을 포기하고 지는 게임을 시작한 것이다.

살아온 세월을 부정하고, 전문 지식들을 외면하고
그렇게 나를 스스로 잃어 가는 것이다.

주식, 사람이 하는 것이다.

그런데 스스로 나를 버리고
수십 년 세월의 경험을 무시하고
어떻게 성공할 수 있을까?

둥글게 살다가

망한다.

다르게 생각하고
뉴스 이면에 있는 진실을 보려 노력해야 한다.
홀로 서 있는 것을 두려워하지 말아야 한다.

주식시장에서 둥글게 세상 흘러가듯 살다가는
망한다.

내 길을 태연하게 홀로
상식적 논리의 틀을 벗어나지만 않으면
그 길이 세상으로부터 부정당하더라도
담담하게 걸어가야만 한다.

힘겨운 시장 외로움에 지쳐있는 그대에게

콩코드 오류

너무 몰입하면
잘못된 것을 그냥 믿는다.

주식투자 손실은 수업료이다?
아니다, 기회비용이자 막대한 손실이다.

공부는 많이 했다?
아니다, 주식매매 공부는 모니터를 떠나면 쓸모가 없다.

좋은 경험이었다?
아니다, 좋은 경험은 나의 마음을 풍성하게 만들지만
주식투자 실패는 내 삶을 폐허로 만든다.

이런 말도 안 되는 시장의 핑곗거리로
나를 위로해서는 안 된다.

지루함을 견디는 법

뉴스를 보고
이슈를 찾고
기업을 찾아 분석하고
차트를 보고
매수 매도 손절매 목표치 추세선 지지선 저항선 등등
전략을 세우고
실행을 한다.
기다리고, 기다리고, 기다리다
빠져 나온다.

투자는 무척이나 지루한 과정의 반복이다.

이 지루함을 견디는 법은
작은 성공을 크게 축하해 주는 것이다.
나를 칭찬하는 것이다.

다그치는 이들에게

Head Up!
그들의 눈을 똑바로 보고
내가 왜 그 주식을 샀는지, 왜 팔아야 했는지
말할 수 있어야 한다.

못하겠는가?
본인의 지식이 얕다고 생각해서, 무시 당하고, 비난 받을 까봐?
아니다, 그런 건 그저 핑계일 뿐이다.

상식적인 배경을 통해 논리적으로 이해시킬 수 없다면
그건 100% 본인 잘못이다.

가끔 우리를 다그치는 사랑하는 이들에게
자신 있게 세상의 가장 쉬운 단어들로 말할 수 있는
투자를 해야만 한다.

투자자의 삶

무척이나 부지런 해야 한다.
끊임없이 투자금을 조달하기 위해서는 주말여행이나
계절이 바뀔 때 마다 하는 쇼핑 따위로 여유를 부릴 수 없다.

무척이나 강한 책임감이 필요하다.
Risk를 최소화 하기 위해 보수적인 투자를 해야만 하고
반드시 급여를 통해 가정경제를 지켜내야만 한다. 그러기 위해선
직장생활에 최선을 다할 수 있어야 한다.

가정 경제와 투자를 명확히 구분해야만 한다.
그래서 존경스러울 만큼의 절제된 생활을 유지해야만 한다.

불가능할 거 같지만, 수 없이 많은 유태인들이
지난 천 년의 세월을 그렇게 살고 있다.
우리라고 못할 일은 아니다.

그 때 알았더라면

달러 가치가 떨어지고 있었음을 그 때 알았더라면
미국 인플레이션이 요동치고 있음을 그 때 알았더라면
중국 경제가 살아나고 있음을 그 때 제대로 알았더라면

알았더라면?
그렇다고 당신의 손실이 수익으로 바뀌진 않았을 것이다.

수많은 뉴스들을 보면서 그 때 그런 상황에 대해
들어 본 적이 없었을 리 없고, 무엇이 중요한지 구분하지 못하는
당신은 또 다른 실패를 만들어 냈을 것이다.

그때 알았었더라면
그렇게 후회하는 당신은 그저 어리석은 집착에 빠져있는 것이다.
이미 지나간 시간에 감정을 소모하는 것은
또 다른 실수의 원인이 된다.

위기를 느낄 때

위기의 시점에 중요한 것은
지수의 상승 가능성이나 급등주를 선취매 하는 것들이 아니다.

중요한 것은 "어떻게 버티느냐 그리고 계좌 수익 곡선을 계단형으로
만들어갈 수 있는가?" 하는 것이다.

숨이 꼴까닥 넘어가는 상황의 등산에서는
산의 정상을 바라보는 것이 중요하지 않다.
그저 앞 사람의 뒤꿈치만 노려보며 놓치지 않으면
정상은 눈 앞에 자연스레 나타난다.

위기를 느낄수록 스스로의 삶을 안정되게 살아야 한다.
주식 한다고 모니터를 떠나지 못하고
핸드폰을 놓지 못하는 사람은
잠깐만이라도 스스로를 믿고 쉬어야 한다.

우리는

여의도에서
월 스트리트에서
그곳이 어디든
동이 트는 새벽을 열고
세상을 깨우는

우린 자본주의의 전사들이다.

전사들이여 그대들에게 필요한 것은
수많은 이론이나 찌라시가 아니라

인내 용기 결단이라는
전사로써의 마음가짐이다.

힘겨운 시장 외로움에 지쳐있는 그대에게

폐장

주식시장에서 연말 연시는 잠시 숨을 고르며
긴장감을 새롭게 하는 시간

복 받기를 기대하지 말고, 내가 고생했다 자위하지 말고
전장의 바람이 나를 위해 불어주길 기대하지 말고
마음 속 무뎌진 칼날을 바로 세우려 노력하라……

새로운 칼로 무뎌진 내 마음을 먼저 벨 수 있는 용기가
오늘밤 그대의 곁에 찾아올 수 있다면
내년엔 성공이라는 기회가 함께 할 수 있을 것이다.

비열한 시장, 외로움에 지쳐있는 그대에게

착하게 살자

주식을 하지 않는 어떤 사람이 내게 말하길
'나는 착하게 살고 있다'라고 했다.

하지만 우리는
자본주의 사회 속에 살고 있다.
돈이 아주 많다면 괜찮겠지만
돈을 벌기 위해 최선의 노력을 다하지 않는다면
그건 착한 것이 아니라 게으른 것이다.

문득 생각해 본다.
그의 착하다는 말은
어쩌면 나태함과 안일함 그리고
고난에 맞서 이겨내지 못하는 나약함을
스스로 감추고 포장하는 말이 아닐까?

힘겨운 시장 외로움에 지쳐있는 그대에게

서럽지 않다. 이만하면 되었다

드라마 도깨비에 이런 대사가 있다.
"생(生)으로 사(死)로 너는 지치지도 않고 걸어온다. 서럽지 않다.
이만 하면 되었다."

테슬라 애플 아마존닷컴 같은 주식을 바라보면 서럽고 안타깝고
속상하고 화나고 기쁘고 불안한 그런 감정을 느끼는가?
그 어느 하나라도 느낀다면 이제 그만하면 될 것이다.

"이만 하면 되었다. 잘 했다. 지치지 말고, 수익이 없다고 혹은
손실이 났다고 서러워 말고, 우리 이제 다음 15년을 준비하자"
지금은 숨겨진 새로운 가치를 찾는데 모든 노력을 다해야
할 것이다. 시장엔 늘 새로운 기회가 있다.

막차와 마지막 배는 용기 있게 보내주어야
미인을 아내로 맞을 수 있다.

나쁜 사람

바이러스에 의해
세상이 끔찍한 일을 당해도
나는 매수의 기회를 찾아
그들의 죽음조차도 외면해야 한다.

다른 누군가가 이유도 모른 채 갑작스럽게 손실을 입어도
나는 내 계좌를 지켜내기 위해 주식을 공매도 해야만 한다.

나는 피도 눈물도 없는 나쁜 사람인가?

아니다.
난 평범한 주식투자자일 뿐이다.
가족을 위해 수익을 내야만 하는 가장이다.

기지개

야근을 하다, 문득 주위를 둘러 보고
아무도 없는 것을 확인한 후, 기지개를 켠다.

그런데, 주식투자를 하면서
모니터 앞에 아무리 오래 앉아 있어도
기지개를 마음 편히 켜지 못하는 날이 많다.

일을 열심히 했다는 뿌듯함도
일을 마쳤다는 기쁨도
내일 아침 누군가에게 자랑할 것도 없기 때문이다.

두 팔을 허공에
한없이 뻗어 기지개를 켤 수 있도록
마음에 여유가 필요하다.

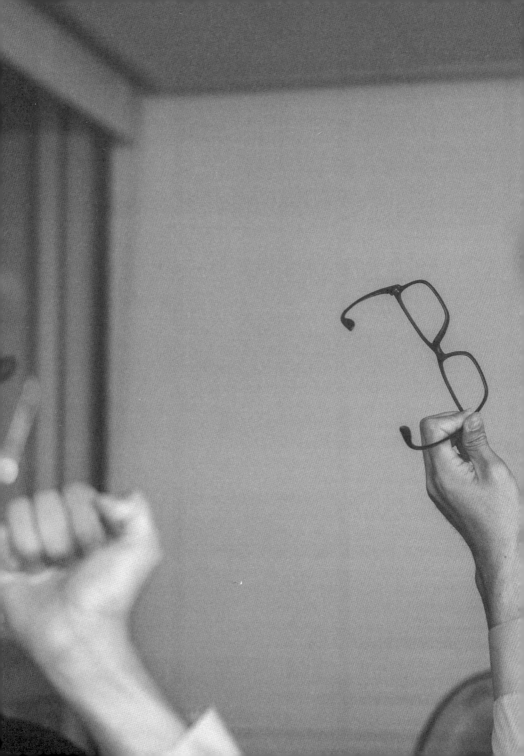

좋은 사람

정부와 기관들이
부동산이 하락한다 하길래 아파트를 팔았다.

정부와 기관들이
시장이 곧 회복한다 하길래
아파트 판 돈으로 그들이 하라는 데로 주식을 샀다.

정부와 기관들이
나라가 어렵다고 동학개미운동이라 하길래
대출을 받아서 그들이 말하는 주식을 샀다.

나는 정부를 신뢰하고, 국가를 사랑하는 착한 사람인가?
아니다
난 가족의 이익과 안전한 미래를 내팽개친
나쁜데다 어리석기까지 한 못난 투자자이다.

Find a way or Make one

한니발, 알프스를 횡단해 로마군을 물리친 위대한 전사
그는 길이 없으면 만들어 갔다.

대단하다고 느끼는가? 틀렸다.
이 말은 위대함을 기억하려는 말이 아니다.

5개월간 눈 덮인 알프스를 행군한 2만 명의 보병과 6,000명의 기병
그리고 코끼리 38마리 중 소수만이 살아 남았다.

승리 뒤에 남은 상처뿐인 영광
결국 그는 훗날 로마군에 패배하고 자결했다.

항상 생각해야 한다.
나의 작은 승리 뒤에
상처만을 안고 있는 가족들이 있지 않은 지……

힘거운 시장 외로움에 지쳐있는 그대에게

2

꼭,
주식!
해야만 하니?

상처뿐인 영광

처음부터 끝까지
오로지 성공만을 이어 온 투자자는 없다.
성공한 투자자들은 모두가 죽을 만큼의 고통을 겪었다.

누군가는 몇 번의 파산을 경험했고
누군가는 긴 가난의 시간을 보내야 했다.
심지어 워렌버핏조차 할아버지와 아버지의 막대한 유산이 없었다면
지금의 버크셔 헤서웨이는 없었을 것이다.

주식시장에서 영광스러운 성공의 뒤엔 언제나
누군가로부터 받은 상처 혹은
나에게 상처 받은 사람들의 모든 상처가
내 마음에 무겁게 남아 있다.

상처가 커져갈 때 우린 고민해야 한다.
어디에서 멈출 것인가?

투자의 성공 뒤에서
가족들과 친구들 그리고 나 조차
상처투성이가 되어 간다면

그럼에도 나는 성공을 해야 할 것인지
결정을 해야 할 때이다.

그들의
상처를 외면한 대가는
항상 기대이상으로 고통스러웠다.

꼭, 주식! 해야만 하니?

바닥

모니터 속
차트 세상에 빠지면
내가 살아가야 할 바닥이 보인다.

끝이 없는
지옥 같은 캄캄한 세상

당신은 드디어 지옥 한 칸
주식 세상에 들어섰다.

그대
과연 살아나갈 수 있겠는가?

후회

왜 던지지 않았을까?
왜 사지 않았을까?
왜 아직도 가지고 있지?

이런 건 후회가 아니다.
그저 푸념일 뿐이다.

내가 어느 시점에서 잘못했구나!
그 시점에 전략대로 움직였어야 했다.
내 전략의 어떤 변수가 잘못 분석되었구나.

이렇게 시작하는 것이 투자자들의 후회이다.

그렇지 못하면 당신은 도박꾼에 불과하다.

감

감을 무시하는 이들이 많다.
하지만 그 감이라는 것이 개인이 수십 년 동안 경험을 바탕으로
무의식 속에서 형성된 것임을 부정할 수는 없다.
그러니 당연히 무시할 수 없다.
왜냐하면 주식을 내 삶에서 제외했을 때
우리는 그런 데로 잘 살아 온 사람들이니까!
그런 사람의 "감"을 무시할 수는 없다.

내 인생의 경험을 무시하지 않는 산업을 선택하고
그 경험을 통해 정보를 분석하고 예측할 수 있는
종목을 선택해서 투자해야 한다.

그래야 조금이나마
내가 이길 가능성이 높은 유리한 게임을 할 수 있다.

궁합

실패한 종목에 상처받지 말자
모든 게 완벽했어도 손실을 주는 종목이 있다.

그 종목은 그저 나와 궁합이 맞지 않았다.
그렇게 가볍게 넘기자

아까워도 다시는 뒤돌아보지 않는 것이
실패의 확률을 줄이고
또 다시 상처받지 않는 방법이다.

적응

지난 수 억년 인간은 환경에 적응을 해 왔다.
심지어 직립보행을 하고 도구를 사용하고 우주선을 날리는 등
엄청나게 진화했다.

그까짓 주식?
반드시 적응할 수 있다.
쫄지 말고, 나아가라!!!

너무 어렵게 생각하고, 두려움 속에
어쩌면 엄마를 만족시킬 수 없다는 걱정으로
그림을 그리기 시작하면
아무것도 할 수 없는 아이들을 많이 본다.

일단 동그라미 하나 그려보고
선 하나 그려보는 아이들은
더 빠르게 성취도를 높일 수 있다.

처음 거래를 시작하려는 분들이
너무 어렵게 시작하는 경우가 대부분이다.

그까짓 공부?
그까짓 분석?
그까짓 전략?
다 무시해도 좋다.

시골 어르신들도 핸드폰 석 달만 쓰면 손주들한테 영상통화를
하고 아무리 도시 사람이라도 시골 생활 석 달이면 삽질 정도는
할 줄 알게 되고, 아무리 어려운 상대도 매일 1시간씩 석 달만
대화를 하다 보면 그 사람의 반응을 짐작할 수 있다.

내가 전혀 모른다 생각하고 두려워 말고
일단 만만한 종목 한 개만 사서 석 달만 지켜보면서
왜 오늘 주가는 그렇게 움직였는지 뒤적이다 보면 내가 매수를
해야 할지, 매도를 해야 할지 "감"이라는 게 온다.

가벼움

나의 가벼움은 손실로 돌아온다.
유식한 경제학자처럼 세상의 모든 일들을 읊어 대도
뇌 속 가벼움은
불안감으로
손실로
나를 괴롭히게 된다.

절대 가벼워지지 말고
상식적인 논리로 가득 채워
태산 같은 무게로 전략을 유지해야만 한다.

나의 진중함을
스스로 가볍게 해서 부정하는 일은 없어야 한다.

배신

눈은 언제나 나를 배신한다.
봤지만 모른 척한다.

주문을 넣으려는 찰나의 순간
내 눈은 모니터 한 구석에서 흔들리는 호가와
순간적으로 움직인 차트와
자꾸만 바뀌는 화살표의 색깔을 보았다.

하지만, 그 순간 나의 뇌는 모든 기능을 상실하고 최초의 'order'를
'reset' 해버린다.

그리고 눈과 뇌는 주인을 배신하고 멈춰버린 이 상황에 대한
핑계거릴 만들기 시작한다.

"아마 다른 게 더 있을 거야~~"

불안감에 지지 않는 법

한 경제학자가 자신의 이야기를 한다.
친구와의 술자리에서 주머니 속 천 원짜리 몇 장을 끝내 꺼내놓지
못하고, 내일을 걱정해야 했던, 자신의 가난했던
시절을 이야기한다.

투자자에게는 늘 주머니 속 몇 천 원 같은 두려움이 함께 한다.
그리고 그 두려움은 투자를 크게 흔들기도 한다.
순간적인 심리적 불안에 잘못된 판단을 하게 되는 것이다.

불안감에 지지 않으려면
남김없이 주머니 속의 천 원짜리 몇 장조차 남기지 않고 꺼낼 수
있는 집중투자 방법을 익혀야 한다.

집중 투자? 몰빵? 아니다! 그런 단순한 것이 아니다.
이건 수익을 극대화하는 전략이다.

리스크 분산이니 하는 헛소리는 비겁함을 감추는 변명이고

그런 변명들이 쌓이면 내 마음을 병들게 한다.
리스크 분산은 주머니 속 천 원짜리 몇 장으로 할 수 있는 게 아니다.

가감 없이, 리스크를 정면으로 마주하고
완벽한 시장상황 속에서 수익을 극대화할 수 있는 전략에
나의 모든 자금을 집중할 수 있는 내가 되었을 때
비로소 불안감은 사라진다.

그대 아직도 무언가를 움켜쥐고 어찌 살 길을 도모하는가?

수익 극대화

어린아이가 집을 향해 가고 있다.
집으로 가는 길엔
수많은 골목들이 눈 앞에 놓여 있다.
골목 안엔 장난감 가게도 있고, 떡볶이 가게도 있다.
친구들이 모여서 오락도 하고 있고
아이를 위해 가장 안전한 방법은 뭘까?
간단하다. 골목들을 차단하면 된다.

큰 수익을 내는 종목이 있다.
여러 종목을 투자하지만 어떤 종목이 큰 수익을 줄 지는 아무도
모른다. 그렇다면 어떻게 해야 수익을 가장 크게 올릴 수 있을까?
답은 간단하다.
가장 큰 수익을 내는 종목에 투자를 집중해 주면 된다.
그런데 우린 그 종목을 모른다.

하지만, 수익을 제대로 내주지 못하는 종목들은
시간이 지나면 알 수 있다.

캔들 패턴이 붕괴되고, 실적이 안 좋게 나오고
불안한 뉴스가 나오기 시작한다.

우린 그저 그런 종목들을 정리해 주면 된다.
마치 아이를 유혹하는 골목길을 차단하듯이……

그리고 정리한 투자금으로 수익을 잘 내주고 있는 주식을 사면
된다. 그렇게 반복하다 보면 결국 추세를 가장 안정되게
타고 있는 한 종목이 남게 되고, 투자금은 그 종목에 집중된다.

이미 추세를 타고 있는 종목이기에
100% 투자를 집중했다고 해서 겁먹을 필요는 없다.
그저 추세선만 잘 보면서 매도 타이밍에 기계적으로 매도하면 된다.

수익 극대화 방법?
아주 쉽다.
집중하는 방법을 알면 수익을 극대화 할 수 있다.

돌아 서는 법

남자들이 아련한 첫사랑에 아파하고 흔들리고 미련을 두는 것은
내가 더 잘할 수 있었다는 자만과 함께 자기가 굴복할 수 있는
이별의 마침표를 찍지 못해서이다.

관계라는 것이 시작은 어떻게 했어도 상관없지만
끝이 완전하지 못하면 항상 뒤가 찝찝하고 미련이 남는 거다.

나를 배려해 주지 않은 시장이었지만
나만 혼자서 너무나 깊이 사랑에 빠졌었던 시장을 뒤로하고
돌아설 때, 그땐
어떤 미련도 걱정도 남기지 말고 돌아서라!

시장은
오늘도 내일도 모레도……
내가 있으나 없으나
잘 돌아간다.

스쳐 간 인연

더는 매수에 나설 수 없을 만큼
그 종목의 가격이 오른 뒤에야
우린 후회를 한다.

그때, 잡았어야 하는데……

하지만
지나간 첫사랑의 늪에 빠져 있으면
내 곁을 지키는 이를 불행하게 만들 수밖에 없듯이

스쳐간 인연과 놓쳐버린 종목에 대해선
뒤돌아보지 말아야 한다.

그러니
각오 단단히 하고 시작해야 한다.

힘(力)

힘으로, 노동으로 사는 세상이 아니다?
급여로는 못 산다?
(사실 그렇지는 않다. 난 왜 내가 특별한 기술을 배우지 못했나 늘 후회하며 지낸다.)

그래서 주식투자를 해야만 한다?
그건 틀렸다.
주식에 투자를 할수록, 노동의 위대함을 깨닫고
땀 흘리는 직업의 소중함을 알게 된다.

주식투자를 하면 할수록
나의 힘(力), 노동 그리고 월급은
가정을 안전하게 지키기 위한
가장 기초적이며 보편적이고 필수적인 방법이 된다.

투자자의 삶

수 천, 수 만 번을
흔들리는 가격 앞에서

사기 위해
팔기 위해
참아 내기 위해

수 천, 수 만 번을
생각하고 또 생각하고
다짐하고 또 다짐하는 그 순간들이

매일 아침 9시면 반복되고
다시 또 반복되는
그렇게 수 천, 수 만 번이 다시 반복되는 것이
투자자들의 삶이다.

추세선

이미 그어져 있다.
매수를 하기 이전부터 그어져 있어야 한다.

그 선을 지키는 것

수익을 극대화하는 추세라는 것은
그게 전부다.

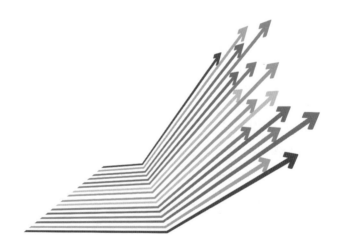

Story

차트에 무수한 선들을 그린다.
선 하나 하나에 수많은 스토리가 쓰여지고 지워진다.

그런데, 그 이야기들 중에 혹시 실패를 염두에 두고 변명거리로
쓰고 있는 건 없는가?

스토리가 어긋날 즈음
무언가 잘못되고 있음을 느끼기 시작하는 그 즈음에

나의 스토리는 완벽했으나, 환율이 혹은 정치가 그것도 아니면
알지도 못하는 작전세력이 그렇게 변명거리 늘어놓기 위한
스토리를 만들고 있지는 않나?

스토리는 반드시 성공하기 위해 쓰여야만 한다.
변명거리가 되어서는 안 된다.

꼭, 주식! 해야만 하니?

손실이 두려운 진짜 이유

최초 목표 수익 7%, 첫 거래 손실 -7%
원금 회복을 위해 7.53% 수익 필요
목표까진 15.05% 수익 필요

그래서, 내 마음은 -15.05% 손실
눈 앞의 숫자에 집중되지 않고
내 마음의 -15.05% 손실에만 집중한다.
거기에 다시 처음 원하던 7% 욕심을 더하면
단순하게 약 23%의 수익이 필요하다.

남들은 1년을 해도 될까 말까 하는 수익률, 내가 할 수 있을까?
생각이 여기까지 도달하면 내 마음은 무너진다.

그저 -7%의 첫 손실은
그렇게 -23%의 무게로 내 마음을 짓누른다.

작은 수익

한 없이 기뻐하라
아주 작은 수익에도 끝없이 기뻐하라

나를 칭찬하고 드러내어 자랑하고
부끄러워 말고 축배라도 들어라

그러지 못할 이유가 없다.

하지만, 꼭 기억해야 한다.
어떻게 투자를 결정하고 매수를 하고 매도를 했는지

그리고, 반복해야 한다.
게임을 이기는 최고의 방법!
내가 이긴 방법을 반복적으로 지속하면서 수익을 누적시킨다.

흔적

투자일지를 쓰는 것은
투자의 흔적을 남기는 것이다.

실패의 기록이기도 하고
성공의 짜릿함이기도 하다.

흔적을 남긴다는 것은
더 나아지기 위한
최소한의 노력이다.

꿈꾸는 미래

내가 투자를 결정한 그 기업이 나아가는 방향이 내가 기대했던 길이
아닌 경우가 종종 있다.

애플의 스티브 잡스가 애플을 기술중심 기업으로 자본주의에 놀아
나지 않는 기업으로 만들고자 했으나, 팀 쿡은 배당과 자사주 매입
을 늘리고, 워렌 버핏과 일부 대주주들의 배를 불리며, 애플의 주가
를 역대 최고치로 만들어 자본주의 최고 전사로 거듭나게 했다.

투자한 기업을 통해 내가 꿈꾸었던 미래가 사라지고, 나의 도덕심에
상처를 주더라도, 외면하지 말고, 물러서지 말고 끝까지 수익을 챙
겨야만 한다.

미래는 승리하는 자들의 것이고, 감성에 휩싸여 포기하고 물러서고
실패하는 사람들이 설 곳은 없기 때문이다.

주식 꼭 해야만 할까?

주식투자 안 하면 어떡할까?

부동산? 그건 소액으로는 어려운 투자이다.

자본주의 사회에서 돈으로 돈을 벌 수 있는 가장 정당한 시장이

바로 주식시장이다.

90년대가 시작되고

아이들 중엔 스타크래프트에 미쳐서

PC방에서 36시간을 꼼짝 않고 게임을 했던 아이들이 있었다.

어른들은 욕을 퍼부었지만

지금 세상은 그 아이들이 IT 산업을 만들어 가고 있다.

지금은 부가 부를 낳고

금융자산이 쉼 없이 수익을 창출해야만

남들만큼이라도 따라갈 수 있는 세상이다.

직장생활 당연히 끝까지 유지해야만 한다.

그렇다고 옛날처럼 직장생활 열심히 하면 노후가 편안해지는

세상이 아니다.

직장은 당연한 거고

자산을 불릴 수 있는 투자가 반드시 필요한 세상이다.

크게 받은 유산이나 증여가 없다면

내 힘으로

가장 안전하고 정당하게 수익을 낼 수 있는 시장

바로 주식시장이다.

지금도 너무 늦었다.

서둘러야 한다.

꼭, 주식! 해야만 하니?

주식에 투자 한다는 건

그냥 평범한 삶의 일부일 뿐이다.
뭔가 대단히 치열한 고뇌의 삶이 아니라
가볍게 편안하게 숨 쉬는 것 같은
내 삶의 일부처럼 자연스러워져야 한다.

투자는 확률의 게임이고
확률은 시간이 최대 변수이며
시간은 지속적인 투자금 조달 가능성이 핵심이다.
따라서 항상 보수적으로 행동해야 한다.

보수적이라는 것은 내가 동원 가능한 수준의 자금 범위에서
투자를 지속함을 말하므로, 반드시 초보자들은 보수적인 투자자가
되어야만 한다.

이러한 과정들이 삶의 일부로 자연스럽게 진행될 때
비로소 수익의 기쁨도 누릴 수 있을 것이다.

비열한 시장, 외로움에 지쳐있는 그대에게

종교와 주식투자

"종교생활을 하는 분들은 욕심을 내지 말아야 하고, 남의 것을 탐하지 말며, 투기를 하지 말아야 합니다. 따라서 주식투자 자체가 인간의 욕심을 부추기는 악의 근원이니 절대 하지 말아야 합니다."
나는 이 말에 절대 동의할 수 없다.

마태복음 25장 26-7절(신약) 예수님은 경제활동의 모험을 했던 두 종을 칭찬하고 오히려 모험을 회피하고 돈을 땅에 묻어둔 종을 책망했다. 그러면서 은행에 맡겨두면 이자라도 받았겠다고 말씀하셨다.

불교에서는 해탈과 열반의 경지에 이르기 전에 인간 삶의 경제적 궁핍에서 오는 고통을 벗어나려는 적극적인 경제적 활동도 매우 중요하다고 말씀하신다.

따라서 경제활동에 있어 나태함은 잘못이다.
다만, 투기가 아닌 올바른 투자를 해야만 한다.

삶의 기회

다른 사람을 앞서가려고만 하는 삶은
기회를 갖기 위해 때론 위험할 수 있지만
뒤쳐지는 삶은
그런 위험의 기회조차 가질 수 없다.

문득 힘이 든다고 느껴지면
마지막 강의로 유명한 랜디 포시 교수의 말을 떠올려 보자.

"매일 같이 내일을 두려워하며 살지 마세요.
오늘 바로 지금 이 순간을 즐기세요."

주식시장의 문을 두드리고 있는 여러분들의 삶은
이미 긍정적인 변화가 시작되었다.

마치 마지막처럼

그렇게 투자하지 말자.

노후자금으로 모아 둔 돈
전세금 올려줘야 해서 빌려 둔 돈
취업 어려워 한 해 쉬면서 모아둔 학비

안전하게 크게 한몫 챙길 수 있다고
더 이상 고생하지 않아도 된다고

부모가, 자식이, 친구가, 지인들이 하는 말들
누군가의 배당금 들어오는 통장을 보며
삶의 마지막 선택인 듯 그렇게 도박을 해놓고
손해 봤다고 억울하다고 말하지 말자.

마치 마지막처럼 그렇게 도박하며 살지 말자.

부동산이 더 좋다

시장 또는 계좌가 바닥에 도달하면
버려야 하는 것과 지켜야 하는 것이 보인다.

그런데 보이지도 않고
보이더라도 결정을 할 수 없다면
주식이 자신에게 맞지 않는 것이다.

그런 분들에겐 부동산이 주식보다 100배는 더 좋다.
손실이 있더라도, 결코 늦지 않았다.
아니면 사업에 집중 하거나, 금이나 은을 사야 한다.

절대 헛된 꿈을 꿔서는 안 된다.

주식이 도박이 아닌 이유

1) 법적으로 조성된 시장이니까
2) 수많은 제도권의 보고서들이 있으니까
3) 합리적이고 체계적인 이론들로 분석하니까
4) 돈을 잃었을 때 그 이유를 명확히 알 수 있으니까

모르는 문제는 일단 제일 긴 문장을 찍어 보는 거다.
정답은 4번

실패를 하든 성공을 하든
투자를 마치고 그 이유를 정확히 알지 못하면
그 투자는 실패한 거다.
수익이 있다면 더 큰 손실이 따라오게 된다.

그리고 그 이유는
객관적이고 논리적이고 상식적이라야만 한다.

기관 사전에는 없는 '책임'이라는 단어

코로나19로 시장이 무너지고 나서 한국 투자자 분들이 내게 상담을 요청한 사례 중에 이런 내용이 있었다.

"투자 관련 회사(기관)에 있는 분들이 손실이 심각한 투자자 분들에게 단기 고수익으로 손실을 회복한다며, 주식을 팔아 급락한 유가의 선물 같은 가격 흐름이 일반 ETF와 상당히 다를 수 있는 '파생상품이 결합된 ETF종목'으로 투자자들을 유인하고 있고, '동학개미운동'이라고 해서 마치 완벽하게 보장된 기업에 투자하는 것처럼 아무런 지식도 없는 사람들을 시장으로 유인하고 있다."

문제는 우량주들 조차도 시장 저점에 팔고, 위험한 투자 혹은 한 종목에 집중된 맹목적인 투자를 유도하는 것이다. 이런 모습은 과거 전 국민 포스코 주식 갖기 열풍을 떠올리게 한다.

국민주라는 이름의 그 주식들 대부분 장롱 안에 처박혀서 빛을 보지 못했다.

물론 미래 가격의 흐름을 알 수는 없다.

하지만 전대미문의 위기 상황에 경제 흐름의 싸이클을 통한 우량주 중심의 자산 관리도 아니고, 정부 지원금까지 지급되는 위기 상황에 대출까지 받아서 주식을 사라고 부추기는 행위는 상식적이지 못하다.

개인투자자들을 더 심각한 위험으로 내모는 부적절한 행위를 기관들과 정부가 하고 있다.

그들의 사전에 '책임'이라는 무수한 단어가 나오지만, 우리가 상식적으로 알고 있는 '책임'이라는 단어는 어디에도 없다.

처음 시작하는 주식

믿지 마라, 믿지 마라~~ 믿지 마!!!
차트로 투자할 때는 이 말이 절대적이었다.

믿어라, 믿어라~~~ 그냥 믿으라고!!!
가치투자를 하는 지금은 이 말이 나에게 화두가 되었다.

과거에 시장의 수급과 기업의 경영 안에서 가격을 만들었던 나는
아이러니 하게도 시장과 가치라는 말을 믿는다.

시장의 가격은 언제나 적정한 가치를 찾아 여행한다.
그리고 글로벌 경제 속에 있는 시장들은 서로의 적정한 가치를 찾기
위해 수렴과 확산을 반복한다.

그리고 시장은 비이성적 상황을 이성적으로 만들고자 끊임없이 고
민하고 마침내 행동한다.

불안, 악재, 공포는 말하기 쉽다.

하지만 우리가 그런 것들을 말하는 지금 이 순간에도 시장은 지난 200여년의 역사를 통해 보았듯이 제자리를 찾기 위해 죽을 힘을 다해 움직인다.

인간의 이성적 사고가 비이성적 두려움을 이기듯, 시장의 학습효과는 우리의 상상 그 이상이다.

이제 첫 단추를 꿰었을 뿐이다.

한두 종목 날려야 하는 아픔도 있을 테지만, 전체를 보면 별 거 아니다. 우리에겐 아직 수익률이 마이너스로 돌아설 때 사용할 수 있는 헤지라는 전략도 남아 있고, 무엇보다, 우리에겐 늘 든든한 뒷배가 되어주는 '시간'이라는 큰 신과 같은 존재가 버티고 있다.

시장이 하락하면 개인투자자들의 매수는 늘 옳았다.

다만, 직관은 있으나 전략이 없고, 쫓기는 것만 할 뿐이다.

그것은 시간이 필요한 일이다.

그러니, 처음부터 너무 쫄지 않아도 된다.

로빈후드

쉽게 생각하고 쉽게 매매하는
잘못된 투자습관에 길들여 지는 지름길

잦은 매매습관은 수익의 기회를 날려 버리게 만든다.
추세 상승의 초반 흔들림을 이겨내지 못하기 때문이다.

잦은 매매는 잦은 손절매로 손실을 누적시킨다.
잦은 손절매는 손실에 무뎌지고 큰 손실을 받아들이게 만든다.

이런 매매 프로그램 앱에 소액 넣고 시험 삼아 하는 분들은
결코 제대로 된 투자를 할 수 없다.

여러분은 지금 가장 빠른 급행열차를 타고
손실이라는 목적지를 향해 달리는 중이다.

노답 주식

삶이 안정되려면, 뭐든 기술을 배우고, 그것을 평생 써먹으며
돈을 안정되게 벌어야 한다.

그런데, 주식은 언제나 늘 새롭다.

뼈 빠지게 공부를 했어도 다음 날이 되면 답도 없고, 기본이라는
거도 없다. 그래서 새로운 것을 익혀도 나아지지 않고 늘
처음과 같다. 그래서 가끔 20년전 처음 주식을 배우던 나와
지금의 내가 늘 같다는 기분이 든다.

다섯 살 아들도 포켓몬 카드 게임에서 밑장 빼기를 하는데
나는 언제쯤 확실하게 수익 내는 편법이라도 하나 알 수 있을까?

다만, 그래도 지금은 시간 속에 차분하게 살아갈 수 있는 여유는
있으니 그나마 좀 나아졌다고 할 수 있을까?

애플 아마존닷컴 넷플릭스 테슬라

난 2018년 후반부터 애플 아마존닷컴 같은 스타 주식에는 투자를 잘 안 한다. 특히 그것이 IT주식이라면 더 그렇다.

난 그저 내가 주식 시장을 2~3일 안보더라도 편안하게 지낼 수 있는 투자를 하길 원한다.

애플은 가치를 능가하는 배당과 자사주 매입에 워렌버핏까지 들어 갔으니 주가는 오르겠지만 가치를 무시한 주식은 싫다.
아마존닷컴은 온라인유통 주식들이 한국에서 어떻게 무너져 갔는지를 보았기에 싫다.
넷플릭스는 잘 몰라서 싫다. 이 넓은 미국땅에서 한국의 KT처럼 시장을 장악할 수 있는 기업은 거의 없다. 그렇게 된다 하더라도 독점 금지법이 막아 설 것이다.
테슬라는 동네 백인 어르신들이 자꾸 테슬라 전기차를 팔아 치우고 링컨 차를 다시 사는 걸 보고 싫어졌다.

주식투자는 쉽게 쉽게 그렇게 하는 것이다.
나한테 어려우면 다른 기업을 찾으면 된다.
그저 세상 속의 아이디어가 조금 필요 할 뿐이다.

눈을 감으면

방안 천장은 갑자기 파란색 사각으로 변하고
노란색 흰색 빨간색 공들이 놓여진다.
수학 시간엔 이해도 못했던 각도를 계산하고
공이 튕겨지고 부딪혀서 나아 갈 길을
마치 컴퓨터처럼 그려낸다.

고교시절, 야간자율학습을 땡땡이 쳤던 그 시절
침대에 누워 눈을 감으면 내 머리 속은 신세계였다.

지금은 자꾸만 캔들이 나타난다.
낮에 보았던 일봉과 주봉의 흐름이 자꾸만 아른거린다.
저 망할 놈의 꼬리는 도대체 어떻게 해석을 해야 하나?
하늘 높이 뜬 연 꼬리보다 자유롭다.

눈을 감으면 캔들과 이평선이 춤을 추며 날아간다.

빚투

'빚 내서 투자를 한다.'
이 말은 그 자체로 틀렸다.

빚을 낸다는 것은
내가 가진 능력 밖의 자금을 가져오는 것이다.
아무리 현대 자본주의가 신용사회라지만
집을 사면서 대출을 하는 것과
빚을 내서 주식을 하는 것은
하늘과 땅만큼이나 다르다.

개념적으로 '빚투 = 투기', 이 공식이 정답이다.

따라서
빚투는 빚을 내서 투기를 하는 그냥 무모한 행위이다.

소확행

이놈의 자본주의 사회는 행복도 돈으로 사이즈를 메긴다!
소확행 '작지만 확실한 행복'
갓 구운 빵을 손으로 찢어 먹는 것 같은 행복?
말은 참 예쁘다.

그런데 사람을 자꾸 자본주의 소시민으로 만족하며 살게 하는 이런 말들이 짜증스럽다. 작은 거에 만족하며 행복을 느끼지 말고, 비싼 거, 정말 맘에 드는 거, 어디 가서든 뻐길 수 있는 그런 거, 신용카드 할부로 사서 쓰다가 연체 되더라도 행복하면 안되나?

행복이 성적순도 아닌데, 2021년도의 가난한 젊은이들에겐 적당히 합리적인 수준의 소비에 의해 행복의 사이즈가 결정이 되어야 하는 건가?

그렇게 꿈꾸지 말고 소시민으로 살아야만 하는가?
이 놈의 자본주의 참 교활하다.

3

서툴지만
조금 더
현명해지는 법

진짜 바보

친구) 요즘 미국 주식이 최고야. 국제유가 움직이는 거 봤어?
유로화랑 달러화 장난 아니었지?
넌 어때? 좋은 거 있으면 공유 좀 해봐
나) 나? 난 잘 모르는데~~
친구) 야 넌 기본적인 거도 모르고 무슨 주식을 하냐?
나) 어, 이 컵 **회사 제품인데~~ 너 여기 투자했었지 어때?
친구) 그래? 그 회사에서 이런 컵도 만들어?

술자리에서 이렇게 무시당한 적 한번쯤은 있었을 거다.
하지만 괜찮다. 진짜 무식한 건 저들이니까
알아야 할 기업의 제품 현황은 모르고
불필요한 것들을 알고자 시간을 낭비한 저들이
진짜 바보들이다.

Cheers!!! 바보들을 위하여

담담하게 받아들이는 것

나락으로 떨어지는 가격을
담담하게
마치 입대하던 날 머리를 자르듯
그렇게 담담하게 바라보는 것은
자신의 인성이 대견해서가 아니다.

당신은
가격에 무뎌졌다.
가격의 변화에 무뎌졌다는 것은

지금
실패의 지름길에
첫 발을 디뎠다는 말이다.

두려움이 스며들 때

누구나 급등과 급락을 두려워한다.
나 역시 그것이 두려움의 전부라 생각했다.

하지만
진짜 두려움은 소리도 그림자도 없이
조용하게 차트 속에 스며들어
내 눈이 차트를 회피하도록 만든다.

그리고, 나의 도마뱀 같은 뇌는
핑계를 찾기 시작한다.

그래……
난 급락을 이미 알고 있었지만
아무것도 하지 않았다.

비열한 시장, 외로움에 지쳐있는 그대에게

최선을 다하는 방법

1. 가족에게 모든 전략을 알리고 그들이 두려워하면 헤지 전략을
   수립하자.
2. 상식적으로 가족을 이해시키지 못하면 내가 틀린 것이다.
3. 반드시 완벽한 것이 필요한 것은 아니다. 하지만 솔직한
   전략이라야 한다.
4. 허세가 아니라, 실질적으로 1%씩이라도 수익을 쌓아갈 수 있는
   실리투자가 이뤄져야 한다.
5. 주식을 안 하는 것처럼, 안정된 직장생활을 유지하라.

그래야 최선을 다했다 말할 수 있다.

위의 질문들에 진실로 솔직하게
'그렇다'고 말할 수 있어야 우린 최선을 다한 것이다.

뇌 구조

인간의 뇌는 유기적인가?
뇌에 연결된 기관들이 상호 유기적으로 합리적인 선택을 하는가?

적어도 주식투자자들의 뇌는 그렇지 못하다.
정확히, 주식에 손을 대는 순간, 박사든 교수든 의사든 노동자이건
남녀노소 그 누구의 뇌라도 유기적인 상호 작용에 의한 합리적
선택과는 거리가 멀어진다.

좋은 아빠 엄마 아들 딸에 대한 부담, 유튜버들의 듣기 좋은 분석들
친구들한테 주눅 들고 싶지 않은 자존심, 실패에 대한 두려움
기회를 놓치게 되는 불안과 욕심

투자에 있어 분석은, 자신이 정상적인 두뇌활동을 하고 있는지
먼저 살펴보고 시작해야 한다.

끊어진다

결코 이어지지 않는다.
백만 원으로 살살해보고, 공부 좀 하면서 경험 쌓고
투자금 늘려서 안전하게 해 보겠다고?
투자의 방법은 결코 그렇게 이어지지 않는다.

투자금이 달라지면 반드시 모든 공부도 끊어진다.
처음부터 다시 시작해야 하는 거다.
내가 주식을 위해 준비해 둔 투자금에 맞도록
처음부터 전략과 마인드 컨트롤을 연습해야 한다.

100만 원으로 과감하게 투자해서 10배 벌다가
천만 원 넣고 손실이 1백만 원 발생하면
겨우 −10% 손실에 기겁을 해버리는
그런 투자는 이제 그만해야 한다.
규모가 달라지면 반드시 모든 공부는 끊어진다.

생각하는 법

생각은
안으로 깊이 신중하게 하는 게 아니다.

생각은
밖으로 끄집어내면서 버려야 하는 것이다.

그래서 생각은
뒤돌아 보지 않고, 앞을 보며 하는 것이다.

수많은 변수들 속에서 가격을 위로 끌어올리는 데
방해되는 것들을 끄집어내서 자꾸만 버려야 한다.

그러다 보면 한 가지가 남는다.
"너로 인해 이 주식을 사야겠다."
그것이 우리가 말하는 직관이다.

찰나(刹那)

내가 실수를 하는데 걸리는 시간
아주 짧은 찰나의 순간이었다.

내가 잘못했나?

마우스 왼쪽 버튼을 누른 후
수없이 많은 후회들이 나를 스쳐 지나가고
이 생각을 하기까지 걸린 시간 역시
찰나의 순간

그리고 모니터엔 축하 메시지가 뜬다.

"거래가 체결되었습니다."

부동심

孟子曰 否 我四十 不動心
맹자께서 말씀하시길, 아니다. 내 나이 사십에 마음이
동요되지 않았다.

맹자가 40년 세월이 걸려서야 이룩한 부동심
우리가 아무리 열심히 마음 다스리고 갈고닦는다고 해서 유혹에
흔들림 없이 투자를 한다는 것은 불가능하다.
그러니 우리가 시장의 유혹에 흔들리는 것은 당연한 일이다.
유혹의 변수들을 줄일 수 있는 방법은 있다.

직관이다.
사전적 의미를 간단히 말하자면
"오랜 시간에 거쳐 관찰된 많은 사실들을 조직화하고
통합함으로써 빠르게 이해하는 능력"이다.

중요한 것은 이해하는 능력이 아니다.
정말 중요한 것은 '오랜 시간에 걸친 관찰'이다.
적어도 3개월 이상 관찰해 본 후에 매수를 했던 적이 있는가?

투자자들은 매번 뉴스 몇 개와 차트 몇 장

기껏해야 증권사 보고서 1~2개 가지고

도마뱀 같은 자신의 뇌를 믿으며 그것들을 이해하고자 노력한다.

그리고 실패한다.

이성적 이해와 관찰에 의한 직관은

하늘과 땅 차이만큼이나 다르다는 것을 이제라도 알아야 한다.

그들을 믿지 마라

'가치주'라는 말을 너무 순진하게 믿지 말라.
가치주라고 하면 우리는 워렌 버핏을 떠올린다.
그리고 그를 따라 하면 무조건 돈을 벌 수 있을 거라 생각한다.

하지만, 워렌 버핏의 경우 2018년도 보유주식들 중 상위 10개
주식들 중, 애플이 가장 많기는 하지만 매우 드문 경우이고
코카콜라, 헤인즈, 그리고 필립스66을 제외하면 6개 종목이 모두
금융주였다. 가치주 분석의 가장 기본이라고 하는 PER의 경우
이들 기업들은 16~47까지 다양하게 분포되어 있었다. 더구나 같은
산업에 집중투자하고 있다.

가치주 투자의 기본인 저PER주 매수는
적어도 2018년 상승장에 워렌 버핏에겐 의미가 없어 보였다.

비열한 시장, 외로움에 지쳐있는 그대에게

더 아픈 손가락

세상이 변해서 그런가?
사람들은
더 아픈 손가락이 있다고 말한다.
주식투자 계좌에도 언제나 그렇게 더 아픈 손가락이 남아 있다.

같이 시작했던 종목들은 모두 매도했는데
유독 한 종목만 팔지 못하고
손실이 너무 커져서 이제와 팔아봐야 뭐 하겠냐고 놔두는

하지만 계좌를 열어 볼 때마다 지나간 미련에 신경이 쓰이는
그런 아픈 손가락 같은 종목이 있다.

미련 두지 말아야 함을 잘 알지만
차마 던지지 못하는 아픈 손가락
이젠 그만 놓아 주고 다시는 매수하지 말자.

내 탓이오

손해를 보았다.
누군가 "내 탓이오~" 하란다.
그렇게 그냥 털어버리란다.

끊어 내고
포기하고
그냥 묻어 두고……

우린 그렇게
'내 탓이오~' 하면서 비우기는 잘한다.

그런데 그 빈자리 어떻게 채워야 할까?
배터리도 아예 방전이 되어버리면 못 쓰게 되는 데
내 마음은 그렇게 모두 비워져 버리면
어떻게 다시 채울 수 있을까?

'내 탓이오~'는 잘못된 방법이다.
더 명확한 이유를 끝까지 찾아내야만 한다.
그저 어떤 것 하나 놓쳤을 뿐인 나에게
'내 탓이오~'는 너무 심한 중벌이기 때문이다.

비우려고만 하지 말고
실수를 찾아 경험으로 나를 더 채워야 한다.
비우는 것은 충분히 채운 다음에 해도 늦지 않다.

호흡

숨을 쉰다는 것은
아주 짧은 순간에
산소가 뇌 코 목 폐를 지나
혈액을 통해 몸 구석구석에 전달되는 것으로
한 사람에게 80년 이상 지속되는 매우 자연스러운 행동이다.

투자에 있어 호흡이라는 것은
아주 짧은 순간이지만
혈관 전체 길이 120,000km를 이동하는 것처럼
매우 규칙적이고 자연스러운 것이라야 한다.
그래야 오랫동안 지속할 수 있다.

투자의 호흡은
나에게 주어진 시간을 어떻게 활용하는가에 달려있다.

시간은 누구에게나 공평하게 주어지지만
어떤 이는 머뭇거리다 중요한 것을 잃기도 하고
어떤 이는 서두르다 홀로 지쳐버리기도 한다.

하락하는 동안에

서두를 것인지 기다릴 것인지를 결정하는 것도 호흡이다.

상승장에 막차라도 탈 것인지

아니면 다른 투자를 계획할 것인지도 호흡이다.

개인마다 호흡의 주기와 방법에 차이가 있듯

투자에서의 호흡도 개인의 성향에 맞도록 스스로 체계화

해야만 한다.

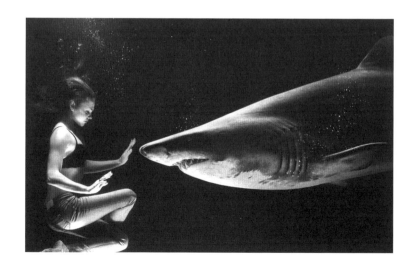

변화

세계적인 투자전문가이자 퀀텀 펀드의
설립자인 짐 로저스(Jim Rogers)는 이런 말을 했다.

"낮은 가격에 사서 높은 가격에 팔 수 있는 주식을 찾아내는 방법은
드러나거나 알려지지 않은 개념이나 변화를 발견하는 것입니다."

주가를 분석함에 있어 변화하고 있는 과정을 찾아내는 일은 매우 어
려운 일이다. 어느 곳에서 진실된 신호가 발생하기 시작하는지 찾기
힘들 뿐만 아니라, 주가의 흐름과 일치시켜서 변곡점을 찾아내는 일
은 더욱 어렵다.

이런 변화는 기업 내부에서 발생할 수도 있고, 주식시장의 가격이
먼저 신호를 줄 수도 있다.
변화를 찾아낼 수 있다면 우리는 주식시장에서 살아남을 수 있다.

소크라테스와의 오후

"소크라테스와 오후를 함께 한다면 애플 전체를 걸겠다."
스티브 잡스는 항상 인문학적 사고를 통해 애플의 제품들을 만들었
고 자신의 부를 축적했다고 말했다.

인류가 멸망하지 않고 지금까지 이어온 바탕에 인문학이 자리 잡고
있다.
인문학자들은 역사를 통해 인간의 내면세계를 탐구했고, 합리적이
고 도덕적인 삶을 살고자 했으며, 아름답게 죽어가기를 희망했다.

그들이 역사를 통해 지혜를 기르고자 했고, 도덕적 판단력을 기르고
자 했던 것처럼, 투자의 세계에서 우리도 가격의 역사를 공부하고,
인간의 삶을 이해할 수 있어야 수익을 올릴 수 있을 것이다.

인 두비오 프로 레오(in dubio pro reo)

영어로 하면 'when in doubt, for the accused' 정도이다. 이 말의 뜻은 '의심스러운 때에는 피고인에게 유리하게'라는 형사법상의 기본원칙을 뜻한다. 우리말로 하면 무죄추정의 원칙(無罪推定의 原則)이라고 합니다. 이것은 범인으로 지목된 사람에 대해 판사가 정황만으로 유죄를 확정하는 것이 아니라 최종적으로 유죄 판결을 하기까지 무죄로 추정해야 한다는 원칙으로 죄를 지은 게 분명한 거 같은데 증거불충분이라고 풀려나는 사람들에게 적용되는 것이다.

이런 거창한 원칙을 만들어 판결을 내리게 되면 비록 그 판결이 잘못된 판결이라 할지라도 판사는 어떠한 책임도 갖지 않는다. 이것이 바로 법과 제도적인 불확실성에 직면한 '인간의 한계'이다. 세계 각국의 헌법과 형사소송법에 명시되어 있다.

이론적으로 주식시장에서 가격은 아주 효율적인 시장의 보이지 않는 손에 의해서 합리적으로 결정된다. 이것이 바로 법률적인 무죄추정의 원칙과 같이 자본주의 시장에서 인간의 한계를 극복하기 위한 '효율적 시장가설'이다.

100년 전쯤에 프랑스의 '루이 바셸리에'라는 경제학자가 내놓은 것인데, 그 당시엔 이단으로 취급을 받았다가 1970년대에 미국 월가에선 대부분의 보고서에 이 단어가 들어 갈 정도로 종교처럼 숭배되었다. 그리고 지금까지도 주식시장의 기본이념이 되고 있다.

주식 매매에 있어서 매도자와 매수자 두 사람 모두가 이익을 원하기 때문에 가격은 서로가 타당하다고 인정되는 선에서 결정이 되어야 한다. 이러한 개개인들의 거래들이 합쳐진 시장에서는 수많은 정보들에 의해 가격이 변하게 되는데 바로 이때 아주 효율적인 보이지 않는 손이 작용해서 합리적인 가격을 형성했다는 것이다.

효율적 시장가설에 의해 제도적인 시장 내에서 법이 정한 범주에서의 매매라면, 그 결과가 어떻든 법은 책임을 물을 수 없다. 그런데 근본적으로 인간은 불확실한 존재이기에 이러한 가격의 적정성을 판단하는 기준들도 비합리적일 수 밖에 없다. 인간은 그러한 것을 명확하게 심판하거나 계산할 수 없다.

그래서 인간들은 서로 합의하고 원칙을 세웠고, 그런 원칙은 상법, 회사법, 증권거래법, 회계기준 그리고 세법 등에 의해 구체화되었다.

가격은 순수하지 않다.

저들이 짜놓은 틀 안에서, 가격에 대한 일반투자자들의 순수한 분석법은 자본주의 세상에서 살아남기엔 너무나 순진하기에 투자자들은 오늘도 실패하는 것이다.

소인배

영국인 경제학자 케인즈(John Maynard Keynes)가 훌륭하고 책임감 있는 사람들이 과도한 투기로 인해 어떻게 변할 수 있는가에 대해 언급했다.

"재산의 가치가 빠른 속도로 오락가락 하게 되면 사람들은 보수적인 감각을 잃게 되고, 정상영업을 통해 얻는 적지만 영속적인 이익보다는 순간에 얻을 수 있는 더 큰 이득에 대해 많이 생각하게 된다. 사업이나 일이 앞으로 어떻게 될지는 중요하지 않게 되고, 어떻게 손쉽게 돈을 번 뒤 빠져 나올까 하는 데만 정신이 집중된다. 힘들게 번것도 아니고 자신이 구상하여 번 것도 아니지만, 한번 큰 돈을 벌게되면 쉽게 놓을 수 없다. 이런 충동으로 인해 그는 항상 잠재적인 불안 속에서 살게 되며 사회에서 자신이 필요한 사람이라는 자신감을 잃게 된다. 그 누구보다도 존경과 칭찬을 받을 만하던 그리고 사회의 필요한 구성원이던 그가 이제는 자신이 보기에도 반쯤은 죄의식을 가질 정도로 사리사욕에 혈안이 된 소인배가 되어버리고 만다."

이 말이 주식시장에서 실패한 사람들의 심리변화를 잘 표현해 주고 있다.

등락을 거듭하는 가격 속에서 차트에만 정신이 팔리고 뉴스에 한눈을 팔다 보면 어느새 펀드멘탈이 무엇인지, 자신이 성장주를 찾는지 가치주를 찾는 지 망각한 채 오직 단기간에 대박을 터뜨릴 종목만을 찾아 다닌다.

차라리 작게 잃고 시장을 벗어나면 다행인데, 이런 사람들이 조금 수익을 낸 후에 자신이 주식의 신이라도 된 것처럼 엄청난 리스크를 감내해야 하는 투자를 시도하다 보면 더 이상 한 두 번의 실패는 중요하게 생각지 않게 된다.

그저 운이 없었다고 치부하고 말고, 다시 더 위험한 종목에 손을 댔다가 큰 손실을 보게 되면, 얼마 남지 않은 돈으로 한 번에 모든걸 잃을 수도 있는 선물이나 옵션시장에서 무리한 베팅으로 전부를 잃게 된다.

빙점의 과학

아내는 차 안에 생수 박스를 통째로 두고 출퇴근을 하는데, 하루에 생수병 두 개씩을 꺼내서 오피스로 가지고 들어간다. 그런데 뉴욕의 추운 겨울, 자동차 실내 온도가 영하로 떨어져도, 심지어 영하 5도 밑으로 떨어져도 이 물은 얼지를 않는다. 외부온도가 영하 10도는 넘어야 밤새 24병의 물병들 중에 5병 정도가 얼어붙는다.

이런 경험 누구나 한번쯤 해본 것이다.

왜 0도 이하에서는 얼어야만 하는 물이 얼지 않는 것일까? '초냉각'이라는 현상으로 1720년경에 발견되었다. 그런 물이 과연 100도에서는 끓을까?

우리가 물을 보면 생각하는 물이 0도에서 얼고, 100도에서 끓는다는 이론은 진실인가?

우리가 자연에 대해 인위적으로 수치화한 것들이 과연 절대적인가?

칼 라이문트 포퍼 경(Sir Karl Raimund Popper)의 말처럼 우리가 진실이라고 믿는 이론 역시 결국 가설이다.

항상 그 기준이 절대적이라고 보장되지 않는 것이다. 새로운 경험적
관찰에 의해 결국 진실도 거짓이 될 수 있다.
자연의 법칙을 따른다는 기술적 분석지표들
되돌림 비율이 23% 수준이라고 말하는 수 많은 기술적 분석 기법들
언제든 뒤집어질 수 있지만
우린 주가차트를 그 인위적인 기준에 맞추려 노력하고 있다.
자신의 욕심을 정당화 하기 위하여……

태초부터 오류가 있었다

'고백론'에서 인간의 지성과 지식은 선(善)으로 직접 연결되지 않는다고 했다.

효율적 시장가설은 인간의 이성적 행동과 정보가 즉시 시장에 반영되어 가격을 결정한다는 가정을 근간으로 하는데, 안타깝게도 '고백론'에서 보듯 인간은 이성적이지 않다.

더구나 투자를 결정하는데 사용되는 '정보'는 그것을 다루는 이들의 목적에 의해 수 차례나 다양한 왜곡을 통해 시장에 전달된다.

태초의 오류 속에서
더 이상 좋은 말로 시장을 대하지 말자.

어쩔 수 없다는 자기 위안

실패한 사람들에게 나는 이렇게 말한다.
'그 순간만큼은 최선을 다했습니다.'
작은 위안이라도 되는 거 같아 이런 말을 한다.

실패한 분들이 제게 와서 상담을 하는 동안 가장 많이 하는 말이 이런 것들이다.
'그건 *** 이유로 아까워서 못 팔았어요.'
'시장도 **% 하락했는데 그 정도면 괜찮은 거 아닌가요?'
'이미 늦었는데 뭐.. 나중에 올라오지 않을까요?'
정말이지 말도 안 되는 소리들이다.

절대로 보유주식과 사랑에 빠져서는 안 된다.
시장수익률이 마이너스라고 해서 위안을 삼으려고 해서도 안 된다.
주식투자를 하면서 손실의 충격을 극복하지 못할 정도의 정신상태라면 주식투자는 하지 말아야 한다.

이론적재성

지금 두 눈을 똑바로 뜨고 자신의 코를 볼 수 있는가?
우리 인간은 자신의 코를 볼 수 없다.

그런데 이제 한쪽 눈을 감고 다시 똑바로 바라본다면 시야 아래쪽
한 귀퉁이에 뭔가 둥그런 형상이 보일 것이다. 바로 '코'다.
인간의 뇌는 우리 시야를 가리는 코를 시각적 이미지가 전달되어 해
석되는 뇌에서 스스로 삭제한 후에 인지하도록 전달한다.

이렇게 우리가 진실하다고 믿는 사실조차도 왜곡된 것임을 기억해
야 한다.

과학자들이 말하는 관측의 이론적재성(Theory Ladeness) 중에서 감각으
로 사물을 지각할 때 우리는 선입견과 상황에 따른 영향으로 제각각
다른 해석을 내놓게 된다.

이런 사실을 이용해 1990년대 위대한 기술적분석가로 불리는 그랜
빌(Joseph E. Granville) 같은 투자자들은 뉴스와 투자자들의 극단적인 반

응을 관찰해 시장의 과열권과 침체기를 판단하고 투자에 이용함으
로써 큰 수익을 얻기도 했다.

그대
시장을
차트를
한쪽 눈을 감고 볼 것인가?
눈을 모두 뜨고 볼 것인가?

머뭇거리지 말고, 후회하지 마라!

미국의 100달러 지폐에 초상화가 그려져 있으며, 과학자이자 미국 독립선언문 작성에 참여했던 벤자민 플랭클린이 서점에서 손님과 나눈 이야기는 시간이 얼마나 소중한가를 잘 알려준다.

'이 책 얼마요?'
'1달러입니다'
'조금 싸게 안될까요?'
'그럼, 1달러 15센트 주세요'
'아니, 깎아 달라는데 더 달라니요?'
'그럼 1달러 50센트만 내십시오'
'아니 이건 점점 더 비싸지잖아? 당신 지금 약 올리는 거요?'
'시간은 돈보다 귀한 것입니다. 손님께서 제 시간을 소비 시켰으니, 책값에 시간 비용을 가산해야 마땅하죠'

그리고 그는 이런 말을 남겼다.
'You may delay, but time will not.'

우리가 멈춰 있는 그 순간에도 시간은 흘러서 돌이킬 수 없는
과거가 되어버렸다.

이미 기업에 대한 충분한 분석이 끝났고
차트를 보고 가격에 대한 전략도 수립이 되었다.

자신을 믿고, 전략에서 정한 가격이 오면
머뭇거리지 말고 행동을 해야만 한다.

우리가 아주 잠깐 동안 머무는 사이
모든 것은 과거가 되어버린다.

자칫 우리의 전략마저도 과거가 되어
기업과 차트를 분석하고 전략을 세운
모든 노력이 물거품이 될 수도 있다.

거창한 허세

"당신이 증권시장에서 손실을 보는 이유는 경제전체의 영상을 가지고 주식투자를 시작하기 때문입니다. 나는 증권시장이 전체적으로 어디로 진행되고 있는지에 대해 1년에 15분 정도 생각합니다. 이렇게 거창하고 무모하게 생각해야 하는 거래로 말미암아 당신은 실패하게 됩니다."

투자를 위해 직접 기업을 방문하길 좋아하는 피터 린치(Peter Lynch)의 말이다. 그가 핵심 내용인 가격과 펀드멘탈을 놓치고 과장되고 허황된 말들로 자신이 위대한 투자자라도 되는 것처럼 떠드는 투자자들에게 일침을 놓은 것이다.

개인투자자들은 툭하면
'시장이 **하니까 내 종목들이 **하다.'
이런 식으로 말을 한다.

그저 핑계일 뿐이다.
심지어 베타 값 조차 따져보지 않은……

급락 장, 반등의 중간쯤

비상식적인 하락이 지난 후
항상 시간이 지나고 나면 모든 게 상식적인 거 같아 보인다. 하지만
비상식적인 상황에서 정상적인 펀드멘탈이 아닌 이벤트 혹은 차트
에 편승해 베팅을 하는 건 투기일 뿐이다.

급락 후 시장이 50%를 되돌리면
투자 종목이 추세를 타야 하는 것에 집중해야 함에도 불구하고, 투
자자들은 잘못된 '상식'과 함께 바닥에서 놓친 급등주를 아쉬워하며
조정의 기회를 노리고 있다.

시장이 급락하고
반등을 하는 어디쯤에서 뉴스와 기관의 분석에 휩쓸려 다니는 투자
자들의 뇌가 생각하는 전략이라는 것이, 시장 수익에서 소외되는 불
안감에 투기를 하려는 나를 감추고 포장하려는 얄팍한 자기최면 혹
은 눈속임 밖에는 되지 않는다.

비열한 시장에 도마뱀 같은 나의 뇌는
오늘도 보편적 상식을 속이고 감추어 나를 기망한다.

서툴지만 조금 더 현명해지는 법

동학개미운동

급여십시일반
동학개미운동

결국 IMF 당시 '금 모으기' 혹은 '국민주 갖기'와 같은 발상인데, 소득의 불균형만 가중시킬 뿐이다.

결코 노동자들의 급여 회복이 경영자들의 배당수익을 앞지를 수 없기 때문이다. 경제가 다시 회복이 되고, 기업에 돈이 쌓이면 과연 그들은 배당과 자사주 매입을 우선 시 할까 아니면, 노동자들을 위한 급여 인상을 먼저 할까?

답은 뻔하다. 급여 인상은 먼 이야기이다. 경영자들이 먼저 회사에 대해 순수한 기부를 통해 노동자 수준으로 재산을 줄였다면, 급여십시일반 해도 된다. 그렇지 않다면 말도 꺼내선 안 된다.

급여 십시일반은 그저 감정에 기댄 정치적 이슈일 뿐, 국민들을 생각한 경제적으로 바른 정책이 아니다. 이런 식으로 노동자들의 소득이 금융시장에 유입되면서 감소하는 소비는 기업이나 사회 그리고 국가조차도 좋을 게 없다.

자본주의적 관점에서, 이런 금융기관들의 비열한 사기 놀음에 정치권도 재계도 기관들도 힘을 합쳐 나서고 있는 꼴은 무척이나 한심하다.

또한 "동학"이라는 거창한 정의로움을 앞세워 자신의 투기심을 대단한 애국심으로 포장하려는 개인투자자들도 바뀌어야 한다.

동학인들은 과거 구국의 신념과 생존을 위해 목숨을 걸고 일생을 바쳤다. 그런데 몇 달 사이에 동학개미에서 서학개미로 이젠 비트코인으로 갈아타는 그들에게 "동학"이라는 말을 붙이는 것은 잘못이다.

주식투자는 감성을 앞세우는 행위가 아니다.

By Frits Ahlefeldt

131

언중유골

그들이 하는 말 속엔 숨은 뜻이 있다.

"2020년에는 신흥시장으로 갈아타라"
뭔가 대단한 기회가 있어 보이는가?

2019년 시장은 미국 상승이 강했고
애플 삼성전자 같은 대기업 상승이 강했다.
상대적으로 신흥시장은 죽을 쒔다.
펀드들 환매 요청이 증가하고
돈 빠져나간 펀드는 운용이 어려워졌다.

그래서 돈을 끌어와야 하는데, 개미투자자들에게 미국은 다 됐으니까
이제 저렴한 신흥국으로 갈아타자고 한다.
그런데 사실 이 얘기는 2019년 3분기부터 나왔다.
문제는 예상치 않게 4분기에 테슬라 급등과 미국시장 최고점 연속
경신 그리고 중국 경기 불안 등의 상황이 발생하면서 신흥시장에 대
한 관심은 더 멀어졌다.

비열한 시장, 외로움에 지쳐있는 그대에게

돈은 끌어 와야 하고, 선진국 시장은 사그라 들지 않고, 신흥시장에 투자한 증권사들은 연말에 자금을 유치하지 못하면 심각한 운영위기에 직면할 수 있다.

지금 세계경제는 미국과 중국에 의존하고 있고, 주식시장은 미국과 유럽이 주도하고 있다.
미국과 유럽을 제외하고 세계경제를 끌고 갈 나라가 있는가?
일본? 지나가던 dog이 웃을 소리다.
중국경제는 어차피 미국과 한 배를 탔다.

따라서 선진국 대기업 주가가 내려가면 신흥국 주가는 더 많이 내려간다.

즉, 망해도 선진국에서 망해야 적당한 선에서 망한다는 것이다.
신흥국에 잘못 발 디뎠다간 선진국이 무너질 때 빠져나올 새도 없이 무너질 수 있다.

(2019년 12월 어느 날)

무식하고 무시하면 반드시 피를 본다

주방에 LED 전구를 갈다가 전구 테두리에 손가락을 베었다. 별거 아니라 지혈하고 무시하고 있는데 손이라는 것이 가만히 있을 수 없는 신체의 일부라 자꾸만 무언가를 만지고, 그럴 때마다 자꾸 아프다.

전구를 거의 다 갈고 날 때쯤에야 무식하게 전구를 손으로 돌리는 게 아니라 곁에 있는 커버를 함께 돌려야 하는 것을 알았다.

나의 어설픔이, 나의 무식이, 피를 보게 했던 것이다.
주식도 그렇다.

그냥 무시하게 된다.
맘처럼 안 움직이는 종목들은 그냥 알아서 살아 올라오라고 무시하게 된다.
별거 아니라고, 자신의 무지함과 게으름이 그렇게 손실을 키워 나간다.

비열한 시장, 외로움에 지쳐있는 그대에게

계속해서 외면하고 무시한다.

쳐내야 할 때 과감히 쳐내지 못하고

버릴 때 단호하게 버렸어야 함에도

자신의 게으름과 무지함과 어설픔은 그렇게 피(손실)를 보게 한다.

그 손실에 대해 현실적으로 느낀 후에야 우리는 말한다.

그냥 두고 보는 종목이라고

공부 삼아 사 둔 거라고…

너무 좋아하는 주식이라고~

아까워서 버릴 수가 없다고

수업료 냈다고~

마치 자기가 엄청 정에 약하고 착하다는 듯 포장하고 스스로 위안하

는 이런 어처구니 없는 짓 따위, 더 이상은 하지 말자.

보기 좋은 글에 망하기도 좋다

한국 대표 포털 사이트에 한동안 인기 글로 올라왔던 내용이다.

"미국인들이 532법칙으로 월급을 관리한다."

532법칙이란 전체 수입의 50%는 필수 생활비, 30%는 여유 생활비 20%는 저축 및 투자로 사용하라는 것을 의미한다.

이 글을 쓴 분은 미국에 사는 월급쟁이 사람 한 번도 못 만나 봤나 보다. 미국 가정의 70%는 1만불 예금도 없이 살고 있다.

부부합산 연봉 18만불 가정할 때

실제 수령액은 매달 약 8500불 수준

4인가족 기준 방 3개 하우스 렌트비 2500불

뭐 이렇게 되어야 532법칙이 비슷하게라도 맞아 들어간다. 물론 이 정도 수준일지라도 대학생 자녀는 학자금 대출받아야만 한다는 조건이 붙는다.

그런데 부부합산 평균 연봉이 12만불 수준이라는 게 미국의 현실이다. 실제 수치는 이거보다 조금 더 낮다. 그럼 한 달에 실제 현금 가져오는 건 6천불 정도이다. 그중에서 2500불 렌트비 즉 월세라는 건데, 이미 40% 정도가 월세로 나간다.

집을 사라고? 방 3개 하우스 40만불 가정하고 모기지 받으면 은행에 900불 정도, 재산세 세금으로 월 600불, 하우스 관리비로 매달 400불, 이래저래 2천불 들어간다. 코압 콘도 같은 아파트에 살면 관리비만 적어도 1천불 이상이다.

제발 현실 모르면서, 디테일한 상황 모르면서
책에 몇 자 나온 말 가지고 말장난하지 말자.

모르는 사람들에게 희망 고문하는 거다.
얄팍한 세치 혀와 도마뱀 같은 뇌로 힘겹게 사는 사람들을 죽이는 짓이다.
이런 글 볼 때마다 답답하다.

시황

"금리인하 기대감에 시장이 상승했다."

아니지, 그건 dog 소리다!!
금리인하 미끼로 불쌍한 개인투자자들 투자금 돌려서
기관들이 수수료 수익을 더 챙긴 거다.

기관들이 쓰는 시황에 넘어가면
수익이 아니라 손실을 움켜쥐게 된다.

자극적인 문구들
시장과 무관한 이슈들
그런 건 상관없다.

그저 사람들이 한번 더 클릭해 주면 그만이다.
적어도 시황이 사실인지 확인을 해야 한다.

금리인하 기대감이 있었으면 거래량이 많이 늘었을 거다.
기관이 들어왔으면 대량 매매로 거래량 변화가
다르게 나타났을 것이다.
기대감이 컸다면 하루 종일 5분 캔들 차트 흐름이 강세를
유지했을 것이다.

다양한 방법으로 시황을 검증하면서 시장 흐름을 타야 한다.

그들의 시황을 믿고 따라가다간 낭패를 보기 쉽다.

나는 주식쟁이다

어제 월요일(03/09/2020) 미국 급락 장에 신규 매수를 시작했다.

역사가 보여주듯 바이러스는 지나가고 경제는 성장한다.

투자는 타이밍과 전략의 문제일 뿐!
공개된 리스크는 두려움의 대상이 아니다.

급락 장에 매수를 하는 이유?
내가 주식쟁이라는 그 하나!

나는 시장의 하락 기간 동안 인내했고
하늘이 무너지는 급락 장에 용기를 냈으며
최악의 순간에 과감하게 결단했다.

지옥 한 칸

자본주의에서 삶이란, 세상이란 고통 속에서 살아가는 것이다. 가난한 자와 부유한 자의 차이는 그 고통을 살아서 겪을 것인가 아니면 죽은 후에 겪을 것인가의 차이일 뿐이다.

우리 모두 자본주의 고통 속에서 오늘 하루도 살아내고 있는 것이다. 그러니 가난하다 억울해할 여유 따윈 없다. 이 세상이 고통이란 당연한 현실을 받아들이고, 경제적 고통을 벗어나기 위해 애써야 한다.

부유하다 자만하며 여유 부릴 겨를도 없다. 내가 가진 돈이, 내가 죽은 후에 아이들에게 독이 되지 않도록 살아야 한다.

자본주의 세상의 고통 속에서도 가장 버텨내기 힘겨운 주식시장

그 지옥 한 칸에 들어오시게 된 걸 환영합니다.

희망고문

오를 듯, 오를 듯……
올라갈 거다. 올라갈 거다……
펀드멘탈은 살아 있다.
수요가 아직은 시장을 받쳐 주고 있다.
비정상적인 급락이다.

이런 말들은 일반투자자들에겐 결국 희망고문이다.
지수가 어찌 변하든 개인이 감당할 수 있는 손실 범위를 넘어서는
경우가 대부분이기 때문이다.

돌이켜 보니 언젠가 그때도 늘 이랬다.
이번에도 똑같은 상황을 또다시 반복할 건가?
나라면 이런 판엔 아예 끼지 않을 거다.

흙탕물을 두 번째 만나거든 망설임 없이 돌아가라.

광기

연대를 구하여 고립을 두려워하지 않는다.

1960년대 말 일본 학생들의 민주화 운동이 최고조에 이를 무렵 치열한 투쟁의 현장인 어느 대학의 벽에 쓰여져 있던 말이라고 한다.

고립에 대한 두려움 없이 신념에 따라 타인들과 대화하고 행동할 수 있다면 두려움 따윈 없을 것이다.
이러한 젊은이들의 신념이 전쟁으로 폐허가 된 일본을 경제대국으로 일으켜 세운 밑거름이 되었으리라 생각한다.

미국은 며칠 전 2018년 8월 25일 위대한 지도자를 잃었다. (이 글은 그 당시 필자의 뉴욕일보 칼럼을 인용하였습니다.)

"자랑스러운 미국인으로 살았고 삶을 마친다. 현재의 어려움에 절망하지 말라. 내 인생의 모든 것을 사랑했다. 내 인생의 단 하루도 다른 누구의 최고의 날과 바꾸지 않겠다. 현재의 어려움에 절망하지 말고 항상 미국의 위대함과 유망함을 믿으라. 미국은 절대 멈추지

서둘지만 조금 더 현명해지는 법

않을 것이며, 미국인들은 결코 굴복하지 않을 것이며 역사로부터 숨지 않을 것이다. 우리는 역사를 만든다."

오랜 시간 뇌종양으로 투병하다 별세한 존 매케인 상원의원(공화당, 애리조나)이 마지막으로 남긴 말이다.

애국심과 단호한 결의, 소신 등이 느껴진다.
모든 미국인들이 조금도 의심하지 않는 그의 위대함은 어디에서 나오는 것일까? 그는 진정으로 고립됨을 두려워하지 않고 미국이 발전하고 나아갈 수 있다면 민주당과의 협력도 마다하지 않으며, 마지막까지 미국의 위대함에 대한 신념을 지키며 대통령을 꾸짖었다.

주식에 대한 투자를 할 때 시장의 방향성이 보이지 않을 때가 있다.
이럴 때는 두 가지를 생각해야 한다.

첫 번째는 전략적인 접근이다.
매매를 함에 있어 헤지 전략을 적극적으로 구사하면서 시장에 내 몸을 맡기고 함께 흘러가는 것이다. 시장이 상하로 요동을 쳐도 내 주식계좌는 평온할 수 있도록 하는 것이다.

두 번째는 사람과 사회에 대한 본질적인 판단이다.

내가 느끼는 시장 상승에 대한 두려움이나 급락에 대한 두려움을 이겨내고, 나를 믿고 수익을 향해 나아갈 수 있는 방법이다.

2000년대 초반 사람들은 '광기'를 드러냈다. 그리고 시장은 무너졌다. 얼마 전 사람들은 비트코인을 위해 대출을 받고 집을 팔았다. 그리고 사람들의 '광기' 속에 비트코인은 무너졌다.

주식시장이라는 것, 결국은 사람이 하는 것이기에 사람을 보면 그 시장의 본질이 보이기도 하는 것이다.

나는 코로나19가 유럽과 미국을 집어 삼키려는 듯 보이는 지금, 미국의 어떠한 경제지표들보다 미국인들과 사회를 보고자 한다.

나는 고인이 되신 존 매케인 의원과 그를 지지하는 수많은 미국인들을 보면서 미국 경제와 시장의 안정된 장기적인 상승과 함께 언제나 숨겨진 가치주들이 있다는 것을 의심하지 않는다.

그와 동시에 트럼프 대통령과 그를 지지하는 사람들을 보면서 '광기'를 느낀다. 그래서 이 시장에서 아마존닷컴 등의 대형 기술주를 중심으로 수급에 의한 주도주들에 대한 적극적인 투자를 제안하지 않는다. 살 떨리는 투자를 해야하기 때문이다.

주식시장은 투기나 도박이 아니다.
보이지 않는다고, 예측할 수 없다고 해서 무작정 돈만 투입하거나, 운에 맡기고 될 데로 되라는 식으로 베팅을 하는 것은 분명한 투기이다.

주식시장에는 리스크를 관리할 수 있는 '전략'이 존재하고, '가격은 가치로 회귀한다'는 분명한 명제가 존재한다.

분명히 지금은 나에게도 어려운 시장상황이다.
하지만, 별세한 존 매케인 상원의원을 통해 미국의 자유경제 체제와 성장에 대한 신념을 가질 수 있다면, 우리 주변엔 언제나 수익을 가져다 줄 가치주들이 있다는 것을 알게 될 것이다.

누군가 나에게 '그런 주식도 있어?'라고 비웃음을 보일지라도, 고립감을 느끼거나 스스로를 의심하지 말고 '가치투자'에 대한 신념을 그들에게 권유할 수 있는 적극적인 행동이 필요한 시장이다.

시장을 주도하는 주식들이 큰 수익을 가져다 줄지라도, 나와 맞지 않는 주식은 포기해야 하고 돌아보지 말아야 한다.

주도주가 아니더라도, 테마를 형성한 이벤트 주식이 아니더라도, 그 이상의 수익을 가져다 줄 주식은 얼마든지 있다.

시장의 광기에 휩쓸리지 않는 유일한 방법은, 고립을 두려워하지 않고, 내가 가장 잘 할 수 있는 투자를 계속하는 것이다.

2020년 3월
시장이 급락한 후 아마존닷컴이나 넷플릭스 애플 대신 ETSY, 페이팔, 마이크로 소프트, K12 같은 기업을 추천했다.

개인투자자들은 왜 실패하는가?

영화 설국열차의 대사처럼 누군가는 마지막 꼬리 칸에서 벌레 단백질 덩어리를 먹으면서 임무를 마치고 장렬히 전사해야만 열차 속 인구가 유지되고 열차는 쉼 없이 달려갈 수 있다.

현대 자본주의 속 주식시장에는 정부, 기관, 개인이라는 세 개의 주체가 있고, 시장이 유지되려면, 국가가 유지되려면, 오직 개인만이 실패할 수밖에 없다. 언제나 한 치의 오차도 없이 희생양은 개인들의 몫이다.

오늘도 무수히 터져 나오는 뉴스들과 기관의 보고서들은 새로운 투자자들을 끊임없이 70%의 실패자 범주에 밀어 넣고 있으며, 투자에 실패한 사람들은 그들의 실패를 거울삼아 다시 일어 설 기회를 갖지 못하고 시장에서 퇴출된다.

우리 개인들이 바라볼 수 있는 주식이라는 게, 뉴스에 집중적으로 떠들고, 기관에서 연일 사람들을 유혹하기 위해 쏟아내는 보고서에 관심을 가질 수밖에 없다.

그런 종목들은 늘 사람들을 유혹하는 말을 하고, 기관들은 사람들 돈을 끌어오기 위해 더 좋은 말들로 그 종목들을 꾸며댄다.

그렇게 개인투자자들은 오늘도 또 불리한 실패자의 게임을 시작한다.

설국열차 마지막 즈음에, 열차 밖으로 나가면 죽는 줄로만 알았던 아이는 살아남았고, 열차 밖 세상에 또 다른 사람이 살고 있었음을 알게 된다.

개인들 전체의 투자는 실패할 수밖에 없겠지만, 짜맞춰진 시장의 틀을 조금만 벗어날 수 있다면, 그렇게 나름의 길을 만들 수 있다면개인의 주식투자는 성공할 수 있다.

날씨가 좋으면

[날씨가 좋으면 찾아가겠어요](시공사, 이도우)
제목만 보고 마음 한 켠이 아려온다.

주식시장 20년
좋은 날씨에 찾아 갈 사람이 없다.

늘 보자는 사람은 많지만
그들의 목적이 이끄는 삶에 장단 맞춰주기 싫기에
이렇게 날씨가 좋은 날엔 정작 찾아 갈 사람이 없다.

주식, 정치, 경제 그리고 사는 얘기조차 안하고
그냥 노래 듣고, 술 마시고, 소리도 지르고
그렇게 다른 시선 의식하지도 않고
부끄러움은 서로의 몫으로 미룰 수 있는
그런 친구가 이렇게 날씨 좋은 날 있으면 좋겠다.

부귀화

"목단꽃을 부귀화라 부른다잖아. 집 안에 목단꽃 그림이 있으면 돈
이 들어온데. 너는 물 그림이 있으면 좋데. 난 몸에 금 같은 걸 자꾸
걸쳐야 돈이 더 모인데. 이게 돈나무라는 화분이야. 이거 죽으면 돈
이 절대 안 들어온다더라. 잘 키워야 돼!"

한 때, 주식투자를 하기 위해 사람들은 기업명과 자기 이름 사이의
궁합을 보기도 했다. 기업코드와 자기 이름의 합을 맞춰 보기도 하
고, 사장 생년월일을 가져다가 운세를 보기도 했다.

내 방엔 가로 세로 150×120 사이즈 부귀화가 한쪽 벽면에 걸려 있다.
믿거나 말거나, 마음을 다하고 드러나는 형식에 정성을 더한다면 투
자에 신중을 더 할 가능성이 높아질 거라 믿는다.
가볍게 투자하지 않을 거라는 믿음이 더 높아진다.

우리 아이 부자 만들기

자존감
자신에게 주어진 환경을 인정하고 스스로의 품위를 잃지 않는 마음
가족에서 분리되는 개인으로서의 자기를 존중할 줄 아는 마음

자존심
남에게 굽히지 않고 품위를 지키려는 마음. 가족 일체의 개념이기에
계층 혹은 계급에 굴복하기 쉽다.

평범한 직장인 아빠, 평범한 직장인 엄마
적당한 성적의 아이
28평 아파트(소유), 2000cc 국산 자동차

검사 의사 변호사 사장 아빠한테 꿀리고
학생회장 부녀회장 후원회장 엄마한테 주눅들고
과외 엄청 받아서 성적 좋은 놈한테 뒤쳐지고
성격 탓에 혹은 약하거나 아니면 아무 이유 없이 우연히
일진한테 찍혀서 놀림 당하고

자존심이 필요할까?
자존감이 필요할까?

아이를 부자로 만들기 위해
부모님들이 가장 먼저 해야 할 것은
아이의 자존감을 키워주는 것이다.

그래야 현대 자본주의 사회에서
아빠가 잘났다고, 엄마가 설친다고
주눅들거나 구겨지지 않는다.
잘났다고 설쳐대는 저들을 그대로 인정해주고
나는 내 삶을 살아가면 그 뿐인 것이다.
비교할 것도, 꿀릴 것도 없다.

그 자존감을 키우기 위해 해야 할 가장 첫 번째는
아이가 미래를 준비하는 경제력과
가정의 경제력을 철저하게 분리하는 것이다.

임신했다고 받은 축하금
출산 육아용품 물려받고 알뜰 구입으로 남긴 돈
아이가 태어나고 받는 축하금

100일이라고, 돌이라고 받는 축하금

생일마다, 어린이날, 크리스마스, 추석, 설…

이런 저런 행사로 받는 용돈…

엄마 아빠 주머니에 넣지 말고

쓸데없는 학습지나 학원 과외활동 1~2개 줄이고

한 달에 30만원은 꼬박 꼬박 빼서

100% Index fund에 넣자.

확정금리 보험상품도 3% 이상은 보장되니까 괜찮다.

원금 1천만원, 매월 30만원 납입, 기간은 만 16년, 3% 기준. 내 아이의 수령 가능 금액은 약 9천만원

아이에게 이 사실을 말해주고, 자기가 어떤 인생을 계획할 지 다양한 정보를 주자.

공부가 힘들면 좋은 대학만 고집하지 말고, 미국 college 보내서 원하는 수업 들을 수 있도록 하고, 좀 더 자유롭게 살면서 최종학력을 남들보다 높게 만들어 주자.

저 돈이면 할 수 있다.

세상엔 학기당 4만불씩 내야 하는 NYU 같은 대학만 있는 게 아니다. 반의 반의 반 수준 금액으로도 다닐 수 있는 대학이 수도 없이 많다. 석사 이상에선 장학금도 기대할 수 있고, 박사과정에선 취업

이나 보조교수 등을 하면서 교육비도 지원받을 기회가 많다.

자존감이 충만한 아이는 부모 돈으로 토플 학원 다니고 유학 가서 박사 받고, 삼성 계열사 들어 갔다고 우쭐대는 철부지가 절대 될 수 없다. 대학 같이 졸업한 동기들이 삼성에서 공채로 잘나갈 때, 자기는 특채로 눈치 보면서 해외 사업으로 뺑뺑이 도는 주제에, 동기들 공채로 제 때 승진할 때, 한두 해 승진 늦어지면서도, 엄마 앞에서만 잘났다고 우겨대는 철부지, 어떡하면 다시 해외로 가서 놀면서 살까 고민하는 그런 유학파 철부지로는 절대 살지 않는다.

만약 군대 다녀오고 제대하는 동안 25년을 유지해 줄 수 있다면? 수령 예상 금액은 약 1억5천5백만원

취직 고민 말고 창업을 하기 위해 혹은 장사를 하기 위해 2~3년 생활비 걱정 없이 경력을 쌓을 수도 있다.

이럴 때는 어른들이 진심으로 젊어 고생은 사서도 한다는 말을 하실 때 웃으면서 '감사하다'고 말할 수 있다.

요즘 젊은이들처럼 '내 고생 싸게 사가세요' 이러지 않는다.

아니면 새로운 세상으로 나가서 더 높은 학위를 도전할 수도 있다.

이 돈을 쓰지 않고 5년 더 그대로 묵혀 두면, 예상 수령액은 약 1억 8천만원

사회에 나가 한번쯤 쓴 고배를 마시고, 어쩌면 결혼으로 인해 인생의 쓴 맛을 알게 될 즈음, 새로운 전환점을 만들려는 아이에게 이 돈은 천군만마와 같은 든든한 버팀목이 될 것이다.

그 다음은, 이제 온전히 아이의 인생이다.

성공을 하든, 실패를 하든, 부모는 그저 아이가 잠시 쉬어 갈 터전만 지켜주면 된다.

우리 아이 부자 만들기는 어린 아이들에게 주식투자 가르쳐서 대박을 내게 하는 게 아니다. 엄청난 고수익 또는 막연한 기다림을 말하는 투자상품에 돈을 밀어 넣는 게 아니다.

충분한 시간을 들여야 하고, 가장 안정된 방법을 찾아야 한다.

무엇보다, 아이가 자본주의 사회에서 바르게 성장할 수 있는 자존감을 키워주는 것이다.

새끼치기

돈이 자꾸 새끼를 치도록 해야
돈을 많이 벌 수 있다.

자본주의에서는 돈을 벌어서 가만히 두면 안되고
돈이 일을 하게 만들어서 금융소득이라는 걸 벌어야 한다.

그런데 우리네 삶은 내 소득이 새끼를 치는 게 아니라

내가 빌린 돈의 이자가 자꾸만 이자라는 새끼를 친다.
원금도 아니고, 이자가 이자의 꼬리는 무는 세상

이자가 새끼를 치도록 안 하는 것만으로도
큰 복이다.

엄마야, 아빠야?

평생을 파도 재무제표 완전 정복은 불가능하다.
2020년 10월말, 3분기 실적발표 초반에 예상 실적을 상회하는 종목
들이 오히려 마이너스 주가를 기록하는 현상이 발생했다.

주가가 상승하는 실적 흐름의 기준이 무엇일까?
매출과 순이익 중에 뭐가 더 중요할까?
이건 인류의 공통된 질문인 '엄마가 좋아, 아빠가 좋아?' 하는 질문
과 동급이다.
질문 자체가 어리석다.

재무제표는 정복하려고 공부하는 게 아니다.
재무제표는 소크라테스의 마누라 같은 거다.

평생 눈치 보고, 분위기 파악 잘 하면서 살아야 하는 거다.
좀 안다고 까불고 정복하려 들면 소크라테스의 마누라 손바닥으로
제대로 뒤통수 맞는다.

재무제표 뒤에 따라오는 "주석"이나 제대로 정독하는 연습을 하는
게 더 중요하다.
어차피 숫자들에 대한 해석이 모두 기록되어 있으니까
그리고 그걸 믿어야 한다.

굳이 애써 뭔가 있을 거라고 찾아내려 해봐야, 그 숫자를 감춰 둔 회
계팀과 회계사 변호사들을 당신이 이길 수는 없다.
도저히 못 믿겠다면 다른 종목에 투자하면 그만이다.

4

나
너
우리
모두 비슷해 ^^

괜찮아요

그 종목은 놔둬도 괜찮아요
그 정도 손실은 괜찮아요
어떡하겠어요? 괜찮아요. 더 두고 봐야죠

지난 20년간 이 괜찮다는 말을 수 천명의 투자자들로부터 들었다.
그런데 정말 괜찮아 보이는 사람은 단 한 명도 없어 보였다.

위로가 안되지만, 그들에게 도움도 안되지만
내가 할 수 있는 말은 한가지 밖에 없다.

그래도 그땐 어쩔 수 없는 선택이었고
최선을 다하셨잖아요?

그런데 정말 물어보고 싶다.
당신, 정말 괜찮으세요?

하지만 이 말을 뱉어내는 순간
핑계거릴 만들고자 고군분투하는 그 사람의 악마적 본성은
만만한 먹이로 나를 물고 늘어진다.

그리고
내 감성에 호소하고 측은지심을 유발하려고 애쓴다.
그러다 정보라도 하나 흘리는 날엔

그것이 수익이 나든 손실이 나든 가리지 않고
그가 원하는 결과를 주지 못했을 땐
모든 비난과 핑계들이 나를 향한다.

당신은 지금 절대 괜찮지 않다.

단타 매매

"1분 1초가 아까운 단타 투자자. 8시 50분쯤 뜬 기사를 보고, 초반 10분 동안 치고 빠진다. 새벽부터 쏟아진 뉴스는 나만 몰랐던 뉴스임을 깨닫지 못한 것이다. 순간의 불안을 조절하지 못하고 주식을 다 팔았는데, 주가는 거침없이 오르고 만다."

위 글은 어느 TV 프로그램에 나왔던 내용이다.
주식으로는 돈을 절대 못 버는 유형 첫 번째인데, 난 그 이유를 모르겠다.

나만 몰랐던 뉴스니까 8시 50분에 뉴스 보지 말고 전 날 저녁부터 계속 밤 새서 뉴스를 추적했어야 하나? 아니면, 초반 10분에 치고 빠지지 말고 후반 15분에 치고 빠져야 했나?

단타매매 또한 투자에 성공할 수 있는 하나의 방법인데, 이 글에선 투자자의 심리가 문제라고 한다.
불안감에 서두르고, 수익을 놓칠까 하는 두려움에 쫓기고, 그런 심리가 문제라고 한다.

하지만, 단타매매에서 그런 심리에 쫓기는 건 당연하다.

그런 심리 없이 어떻게 사람이라고 할 수 있을까?

이런 투자 유형에서의 문제는 "방법"이 틀린 거다.

단타는 뉴스를 봤으면, 8시 50분에 호가를 보고 참여자들의 동향을 파악한 후, 장이 시작하면 틱차트와 분차트를 보고 개인의 성향에 따라 시작 직후 혹은 30분쯤 기다렸다가 분 차트의 한 싸이클을 보고 빠르게 진입했다가 빠져 나오는 거다. 그렇게 1%의 수익을 챙기는 것이 단타매매의 목적이 되어야 한다. (물론 다른 스타일도 수 없이 많다)

단타매매는 어찌 보면 가장 안전한 투자법일 수도 있다.

단타에 있어 중요한 것은 뉴스를 이해하고 정보의 속도에서 우위를 점하는 것이 아니라, 호가로 투자자들의 동향을 이해하고, 차트분석에 대한 나름의 방법을 만드는 게 중요하다.

따라 하기

"아낌없이 주는 경력 13년차 투자자, 지인에게 묻고 사는 것이 투자 원칙이다. '형님은 지금 뭐 갖고 계세요?' 뭐 하는 회사인지도 모르면서, 지인만 믿고 종목을 산다. 그 지인은 심지어 수익률이 높은 사람이다."

단타가 아닌데 뭐 하는 회사인지도 모르고 산다는 건 굉장히 무모한 행동이다.
그렇다고 이게 잘못된 거냐?
아니다.

시장에서 유형 혹은 무형의 기준을 정한다는 것은 굉장히 중요하다. 개인적으로 미국시장에 펀드멘탈 문제가 제기되면 나는 홈디포 The Home Depot, Inc. (HD) 주식을 먼저 확인한다. 미국인들의 소비패턴에 따른 내 나름의 기준이다. 세무사 일도 하다 보니 고객들이 카지노에서 현금 찾는 일이 많아지고 비용처리에 어려움을 겪기 시작하면 경세가 머지않아 과열이겠구나 하는 생각도 한다. 어떤 식으로든 나름의 기준이 있다는 것은 매우 중요한 의미를 갖는다.

지인이라면 집안에 숟가락 개수도 알 수 있을 정도라야만 한다. 그래야 투자의 기준이 될 수 있는 지인이다.

그만큼 시간을 두고 관찰을 해야 한다는 것이다.

더구나 투자에 성공을 하는 지인이라면 더욱 좋다.

따라서 위 사례 투자자의 문제는 지인을 따라 한 것이 아니라, 그 지인에 대해 더 깊이 알지 못했다는 것이다.

누구나 늘 실패를 하지만 성공의 횟수가 적더라도 금액이 크기에 성공했다고 하는 것이다. 그러니 지인의 실패도 열심히 같이 봤어야 함에도, 성공의 좋은 이야기만을 들었던 거다. 어쩌면 무시했을 수도 있다.

수십 년 인생경험

그것도 투자에 성공한 경험을 내 것으로 만들 수 있다면, 이 또한 최고의 투자 방법 중 하나가 될 수 있다.

이론 박사

"유튜브 방송과 투자서적을 섭렵하고, 경제기사와 사업 보고서를 읽으며 기업분석까지 제법 하는 투자자. 주식을 사고 나면 잠시도 편할 날이 없다. 한 번은 주가가 고점대비 30%나 급락했기에 이제는 바닥이다 하면서 들어갔지만, 주가는 다시 반 토막이 났다."

개인적으로 투자자들의 가장 안타까운 행동 두 가지 중에 첫 번째가 유튜브 보면서 공부하는 거다. 물론 시대의 흐름이 유튜브를 빼고 어떤 것도 생각할 수 없는 상황이고, 정말 투자자들 편에서 열심히 정직하게 채널을 운영하시는 분들도 있다. 필자가 말하는 유튜버들은 전문적 지식과 경험 없이 방송기술만으로 주식시장을 리딩 하는 유튜버들을 말하는 것이다.

두 번째는 소액으로 로빈후드 같은 앱에서 뉴스나 쫓아다니며 단기 매매하는 거다. 수박 겉핥기식으로 밖에는 실전 투자를 위한 공부나 매매를 하지 못하기 때문이다.

어찌 되었건 위의 투자자가 30% 하락 한 시점에서 더 기다리지 못하고 조급하게 매수한 것이 문제는 아니다.

'매수의 완벽한 시점'이라는 건 없다.

그저 지나고 나서 뒤돌아 보면 "아 그때, 매수를 할 걸~"이라고 하는 넋두리 정도의 의미를 가지는 게 '완벽한 매수의 시점'의 본질이다.

따라서 위 투자자의 문제는 기다리지 못한 심리적인 초조함 같은 게 아니다. 이론을 충분히 공부했음에도 그것을 어떻게 활용하는지 몰랐기 때문이다. 손절매 이론을 실전에 적용할 연습이 안되었던 것이다.

시장에는 많은 전략들이 넘쳐나지만, 일반화할 수 없는 아주 협소한 시점과 환경에서 경험한 개인적인 내용이라거나 혹은 수백수천억 원 자산 규모의 펀드를 운영하는 펀드매니저들의 화려한 투자론들 뿐이다.

아무리 공부해도 손절매 조차 제대로 실행할 수 없는 개인투자자들을 위한 체계적인 교육과 기관의 보고서가 한국시장에는 없다. (그렇다고 결코 미국 시장에 이런 것들이 잘 되어 있다는 의미는 아니다)

가격 DNA

유전이라는 것이 얼마나 위대하고 두려운 것인지 아이를 키우면서 알게 되었다. 2살, 3살이 넘어가면서 문득문득 놀랐던 일은, 내가 전혀 가르치지 않았던 어떤 행동이나 생각을 내 아이가 아무렇지 않게 한다는 것이었다. 어릴 땐 이 사실이 너무 신기하고 놀랍고 기뻤는데, 시간이 지날수록 두려움이 커져갔다.

"나처럼 되면 안 되는데!!"
어쩌면 육아가 두려운 것은 마음속 깊은 곳의 어두운 나를 직면하게 되는 두려움이 아닐까 싶기도 하다.

주식 시장의 모든 가격도 유전되어 반복되려는 속성이 강하다. 매출 하락, 신제품 발표, 과도한 출혈 경쟁, 비용 급증, 순이익……
이 시기를 지나면서 가격에 새겨진 DNA는, 미래 어느 시점에 동일한 환경이 형성되면 어김없이 나타나고 가격에 반영된다. 그렇게 가격은 과거의 흐름을 반복하려는 속성을 지닌다.

내 아이가 나와 닮았다고 생각하는가?
그렇다면 절대 가격의 역사를 무시하지 말아야 한다.

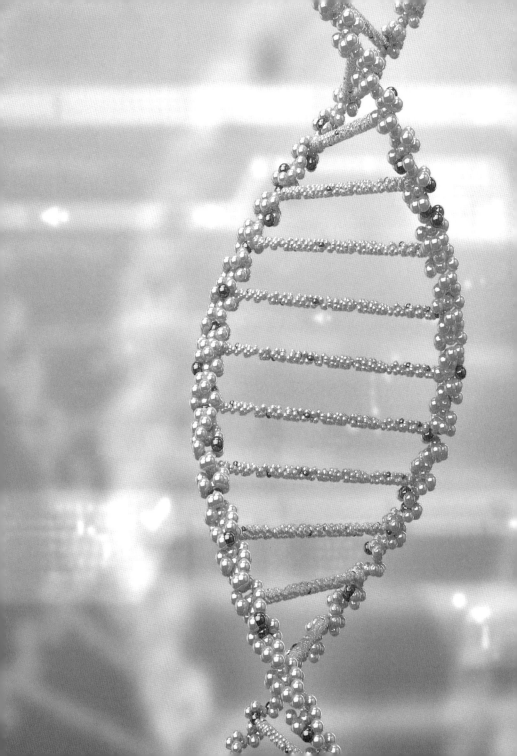

종달새 경제박사

제조업 악재에 시장이 이틀 연속 급락했다.

좀 유식하다는 분이 내게 물었다.

"미국 경제는 제조업이 20% 정도고 80%가 서비스업이라는데, 왜 시장이 빠지나요? 투자자들이 참 어리석네요."

내가 대답했다.

"주식시장이 경제 전체를 반영하지 않습니다. 그리고 미국이든 어디든 주식시장의 흐름은 제조업에 의해 먼저 만들어집니다. 그렇지 않다면 우린 핸드폰 제조업체인 애플 같은 기업에 주목할 이유가 전혀 없습니다."

집에 돌아와 뉴스를 보니 그분이 했던 말이 모 증권사 애널리스트 인터뷰로 나왔다.

종달새

남의 말을 자기 것인 듯 지지배배 지저귀는 종달새……

그들은 시장의 혼란을 틈타 시장에 혼란을 더욱 가중시킨다.

그들은 자신이 얼마나 사람들을 비참하게 만드는지 잘 알고 있다.

정보도 능력도 시간도 없지만 가족의 미래를 위해 주식이라는 지옥 한 칸에 힘겹게 발 디디고 버티고 있는 개인투자자들을 늘 비웃고 있다.

그래서 언제나 양쪽 방향의 가능성을 열어 두고 말을 한다.
그리고 투자의 책임은 투자자에게 있고, 내 말은 참고일 뿐이라는 법적인 면책특권을 누린다.

나 너 우리 모두 비슷해 ^^

이성보다 인성

주식시장에서는 늘 이성적이라야 한다.
그런데 정말 중요한 것은 이성보다 인성이 먼저라는 거다.

미국과 중국의 무역전쟁을 따져보면, 이성으로는 돈도 안 되는 짓을
왜 트럼프가 저러고 있는지 도대체 주식에 투자하기가 어렵다.

하지만 트럼프의 인성으로 보면 재선에 당선되기 전까지 무슨 짓이
든 하면서 끌고 갈 거다. (결국 바이든이 승리했다.)

그것을 잘 이용하면 주식투자에서 수익을 낼 수 있다.

(2018년 가을 어느 날)

도찐개찐

미국 주식시장도 별거 없다.

LYFT 상장 일에, CNBC에선 하루 종일 LYFT 관련 뉴스만 나왔다. 중요한 경제지표들의 부진도 대부분 가볍게 흘려버렸다. 언론들은 LYFT로 개인들 쫓아오도록 분위기 띄우고, 제대로 안되니까 워렌 버핏이 립서비스해주고, 결국 선물 시장으로 주가를 밀어버렸다.

Beyond Meat 같은 것들이 IPO로 주식 장사나 하고 있는, 적어도 최근 미국 주식시장은 "쓰레기"였다.

흔들었으니 이제 다음은 어떻게 할 것인가? 지난 이틀간 선물시장 흔든 그 놈들은 어떤 생각을 가지고 있는 걸까?
아직도 순진하게 미국 시장에 '가치', '정직' 뭐 이런 잣대를 말하는 사람들이 있다면, 그들은 분명 누군가를 기만하고 있는 중이다.

나 너 우리 모두 비슷해 ^^

주식 담당자

[거래소 상장 국내 반도체 회사]

사장 : 이력서 보니 포병 나왔네. 자네 포병 숫자 할 줄 아나?

나 : 하나둘삼넷오여섯칠팔아홉공

사장 : ㅎㅎ 빠르네… 출근하지'

국내 최대 반도체 장비회사 중 하나의 IR 담당자로 채용 될 때 보았던 면접이다.

면접시간 약 3분

저 순간에 숫자 대답하는데 2초쯤 걸린 거 같다.

제대한지 8년쯤 됐던 거 같은데…

[국내 증권사]

인사부장 : 들어가면 사장 전무 이사 본부장 2명, 모두 5명 있을 거야…

특채 면접에 사장실로 들어 갔는데

5명 아니고 모두 6명

1명은?

유명한 무속인이었다. 간단한 인적사항 질문…… 끝
정규직 특채 합격했다.

주식도 인간이 하는 일
그리 대단하고 복잡하지 않다.

좀 쉽고 상식적으로 하자.

나 너 우리 모두 비슷해 ^^

도덕성

어느 날, 고객 한 분이 내게 말했다.

"선생님, 제가 차마 고해성사 시간에 마리화나에 투자한다고는 말을 할 수가 없으니, 누구나 아는 다른 대형 종목을 추천해주세요. 그래야 제가 어디서든 누구한테라도 떳떳하게 도덕적으로 투자한다고 말할 수 있어요."

두 달 뒤……(2019년 2월 2일, 페이스북)
"마리화나 CRON $21 돌파! 고마 하자. 마이 무따!!! 3따블이다!! 넌 아직도 아마존 버티니?"

시장 안에서 이뤄지는 모든 일들에 대해 어떤 도덕성도 갖다 붙이지 마라. 수익이 곧 도덕성이다.

손실이 나면
당신은 가족을 위험에 빠뜨린
최악의 비도덕적인 사람이 되는 것이다.

만들어진 가격

주식바닥 20년…
내가 배우고 경험하고 알고 있는 가격은 만들어지는 것이지 결코 시
장의 논리나 보이지 않는 손 따위에 의해 형성되지 않는다.

시장에서 만드는 가격, 기업에서 만드는 가격
그리고 다른 누군가의 욕심에 의해 만들어지는 가격
그게 주식의 가격이다.

하지만, 그럼에도 불구하고 투자를 하는 이유는
그런 만들어진 가격들 조차도
가치를 찾아 수렴과 확산을 반복한다는 것이다.

그래서 나는 오늘도
실망하지 않고 두려워하지 않으려 애쓰면서
진정한 가치를 찾아내려 시장을 들여다본다.

기상캐스터

말도 안 되는
정치 뉴스, 경제뉴스 보다가
길거리 시위대 뉴스 보다가
갑자기 날씨가 나오면 기분이 좋다.
기상캐스터가 예뻐서라기 보다
구질구질한 뉴스 속에서 머릿속이 정화되는 느낌이다.

하지만 이젠 날씨를 엄청 심각하게 더 자세히 본다.
태풍이 와서 배송이 늦어지면 유통회사들 주가가 떨어질까 봐

심지어 이젠 치마 길이도 본다.
혹시나 경제 불황이면 여자들 치마가 짧아진다는 경제이론이
적용될까 싶어서……

이것도 주식쟁이 병이다.

아픈 두 번째 손가락

잠들기 전엔 100개, 주말에는 300개
한 달에 한번 정도는 전체 종목 차트를 열심히 두들겨 봤다.

분봉, 일봉, 주봉
색상 빼고, 거래량 빼고
볼린저밴드 넣고, 스톡캐스틱 넣고……

그렇게 5년이 지나니까
키보드를 칠 때마다
두 번째 손가락 끝에서
바늘로 찌르는 통증이 전해졌다.

참 미련하고 무식한 삶이었다.
내가 왜 그랬을까?
안 그래도 충분히 편하게 투자할 수 있었는데……

남편은 몰라요

한국이나 뉴욕이나 주부들 대부분은
이 말부터 하고 투자에 관한 이야기를 시작한다.

하지만, 나랑 바람피우는 게 아니면
무조건 남편이 알게 해야 한다.

바람은 가볍게 지나갈 수도 있지만
주식투자의 흔적은 반드시 남는다.

하다 못해 마지막 이혼할 때라도
남편 측 변호사는 당신의 손실을 반드시 찾아내서
위자료를 줄여 버린다.

호기심, 모험심 그리고 불만 등의 감정으로, 가정을 경제적 위기에
빠트리는 것이 주식투자의 가장 큰 위험이다.

잘 가르쳐 주세요

그렇게 말씀하시길래 열심히 가르쳐 드렸다.
얼마 뒤 내게 와서는 손실이 났다고 하며 배웠던 것을
다르게 말씀하신다.

수업자료 내보이며, '우리가 이렇게 공부했어요.' 하니
대뜸 하는 얘기가 "유튜브에 유명한 사람은 그렇게 얘기 안 하던데
그 사람 따라서 한 건데…"

그럼 왜 나한테 와서 따지는 걸까?
이 분만 이러시는 걸까?
최근 3년간 가르친 사람들 중 1/3은 이랬다.

지난 20년
시장엔 늘 잘 가르치는 사람들은 많았으나
잘 배운 사람들은 몇이나 있었을까?

착각

주식을 할 때는
죽어도 안 보이던 대박주들이
주식을 그만두니까
하나 둘 보이기 시작한다.

착각하지 마라
한 번 해봤다고 뭔가 알게 된 거 같다는 착각
다시 하면 잘할 수 있을 거라는 착각

이미 떠났다면
어쩌다 시장에서 밀려나 버렸다면
당신은 여전히 빈 깡통이다.

착각하고
다시 덤비지 마라.

치매

맨하탄에 사시는 84세 할아버지

어느 날
치매 예방도 하고, 공부도 하고, 돈도 벌겠다고 주식을 배우러 오셨다.

제발 하지 마시라고 말렸지만 기어이 고집을 부리신다. 딱 한 가지
만 약속을 받았다. 매주 2시간씩 수업을 하고, 컴퓨터가 고장이 자
꾸 난다고 하시면 늘 집에 가서 수리도 해드렸다.

2년이 지나던 어느 날, 할머니께서 연락을 주셨다.
어르신이 밤에 잠도 못 자고, 주식만 보고 있다고 어젠 쓰러지기까
지 하셨다고…

할아버지, 우리 처음 약속 잊었죠?
하루에 절대 2시간 이상은 모니터 앞에 안 있겠다던 약속. 주식이란
게 마약 같다고, 그렇게 독한 말 쏟아내며 당부드렸건만 어르신은

이미 2년 전 처음 만나 수업을 했던 그다음 날 까맣게 약속을 잊으셨 단다.

낮엔 미국 주식 보고, 밤엔 한국 주식도 보고 계셨다고, 무가지 신문 모두 보시려고 맨하탄 18가에서 32가까지 걸어서 다녀오신다고, 돈 아 끼려 책도 안 보시고, 유명하다는 유튜브는 모두 챙겨 보신다고……

하루 5시간씩 중풍으로 쓰러진 딸 일으키겠다고 땀을 억수같이 쏟아 내며, 침대에 누워 있는 따님 팔다리를 주물러도 허리 꼿꼿하게 건 강하시던 어르신.

아무리 말려도
오직 자식 위해서 터전을 더 닦아 놓아야 한다던 맨하탄 6층 건물주 어르신, 나한테 약속 잘 지키고 있다고 2년을 거짓말하신 어르신 부 디 오래오래 사세요.

주식시장은 이래서 마음이 무겁고 슬프다.

호래자식

주식을 업으로 하겠다는 마음을 먹고
모 증권사에 다니는 선배에게 상담하던 날
술에 취한 나를 굳이 선배는 자기 집으로 데려갔다.

교육자 집안의 장남, 학과에 유례없던 논문으로 최고 증권사에
입사한 선배. 그 쌍놈이 전화로 모친께 욕을 한다, 호래자식!

그 선배 말이
자식이 최고 증권사 대리씩이나 되는데
어머님은 자식조차 못 믿고 작전주 쫓다가
다른 증권사에서 아버지 퇴직금을 전부 날렸단다.
아버지 풍으로 쓰러지시니 어느새 호래자식이 되어 있더란다.

"이래도 주식 할래?"

다음 날 난 서울 강남의 투자사로 출근했다.

할 수 있다는 욕심

뉴저지 어느 목사님 은퇴 준비금이 2억이라고 하신다.
은퇴 후에 소일거리로 주식을 5천불만 하고 싶으시다고……

교육 이틀 째, 사모님이 와서 말씀하신다.
사실 이 건물이 자기들 거라고
그래서 5억 정도 되는데 주식 투자도 일부 해보려 한다고

교육 4일째, 목사님 한참 머뭇거리신다. 사실 캘리포니아에
별장이 있으시단다. 자식한테 현금을 좀 주려고 팔 건데 3억 정도가
남을 거란다. 어떤 주식을 사야 하냐고 묻는다.

공부 조금 해 봤더니 할 수 있다는 생각이 드셨나 보다.
하지만 이건 그냥 욕심이다.
듣기엔 쉬워 보이지만
욕심이 이미 당신의 눈과 귀와 뇌를 마비시키고 있다.

친구의 수익률

"옵션을 해보고 싶어요, 친구가 3배를 벌었대요"
허드슨 강 옆, 지붕 높은 고급 아파트에 사는 어느 분이 내게 교육을
요청해 왔다. 경제나 시장 쪽은 아무런 지식도 없으신 분이 대뜸 옵
션을 하겠단다.

현실을 보여 드렸다.
아마존닷컴 개별주식옵션 매매로 당일 교육 6시간 동안 외가격 매매
로 2배를 남겨 드렸다.
놀라움에 감탄을 하신다.

하지만 수익금은 고작 200불
거래량이라는 게 있다. 수급도 있다.
개별종목 옵션은 그리 쉬운 게 아니다.

수익률이 모든 것을 말해주진 않는다.
친구 수익률이 높다고 덤비다간 10만불 날리는 건 순식간이다.

경험

고객) 김 선생…… 이웃 사장들이 그러는데
아마존닷컴이 또 옛날처럼 돈놀이를 한다네~~
나 좀 사려고 하는데 어떤가?
나) 900불대…… 좋습니다.
어떤 기업이든 현금 많으면 당분간 올라갑니다.
고객) (몇 달 뒤) 김 선생~ 2배인데……
나 이제 그만하려고 하는데……
나) 2천불 찍고 내려올 겁니다. 그때 파시죠?

그분은 2008년 금융위기가 오기 전 아마존닷컴에서 매장 제품들을
팔았다. 그때, 아마존닷컴은 입점주들한테 돈놀이를 했다. 저렴한
이자로 돈을 마구 빌려주고는 아마존닷컴을 떠나지 못하게 묶어 두
었다. 그리고 회사는 엄청난 성장을 보였다.

누구라도 자신의 경험은 고귀한 투자의 재산이다. 어떤 분석법도 경
험보다 성공 가능성을 높이지 못한다. 경험을 소중히 해야 수익에
가까워진다.

나 너 우리 모두 비슷해 ^^

하필

"선생님…… 나 3개만 찍어줘……"
네일가게 사장님은 벌써 몇 달째 오늘도 같은 소리다.
버티다 버티다 어쩔 수 없이 알려드렸다.
'A, B, C 이 중에 알아서 고르세요.'

한 달 뒤, 하필 사장님이 고른 A만 −5% 하락
어쩌다 하필 그걸 고르셨나?
다른 건 몇십% 씩 수익이 나는데
사장님은 주식 궁합이 아닌가 봐요.
아님, 나랑 안 맞던가~

비열한 시장, 외로움에 지쳐있는 그대에게

공포

정말 무서운 게 뭔지 알아?
내가 다 안다고 생각하는 거

정말 어리석은 게 뭔지 알아?
시장이 틀렸다고 말하는 거

정말 잘못하는 게 뭔지 알아?
틀렸는데 자꾸 같은 방법으로 투자하는 거

그럼
정말 공포스러운 게 뭔지 알아?
나만의 완벽한 주식투자 이론을 만드는 거
자기 이론대로 따라 하면
하루 1%, 한 달 5%는 벌 수 있다고 말하는 거
최악의 공포다.

난 뭔가 있다니까

늘 입버릇처럼 말하는 '난 감이 뭔가 다른 데가 있다니까~'
어느 뷰티샵 사장님……

사장님) 내가 친구한테 *** 사라고 했거든, 그게 2배나 올랐잖아요.
내가 뭔가 느낌이 있다니까. 한 번도 틀린 적이 없어요. 그래서 나
도 이제 주식을 직접 해보려 구요. 그냥 개념만 알려주시면 될 거 같
아요. 계좌 개설하고, 매매하는 거, 종목은 내가 찍어둔 게 있으니까
……

나) 뭔데요?

사장님) 말해도 되려나? 인텔이요.

나) 굉장히 엄청 안정된⁽⁰⁾ 걸로 선택하셨네요.

"난 뭔가 있다"라고 생각하는 착각을 왜 하는지 알아야 한다.
지금 바로 어디든 좋으니 5일 장이 열리는 곳으로 가면 그 이유를 바
로 알 수 있다.
시장에 위치한 노인정이나 마을회관 근처를 가면, 점심으로 국수 한
그릇 걸고 내기 장기 두시는 어르신들이 계신다. 그리고 어김없이
두 선수를 에워싼 또 다른 고수들이 언성을 높인다.

'마를 잡아!' '장을 쳐야지!'
'그걸 왜 거기다가 옮겨? ㅉㅉ'
'장기 두는 사람 어디 갔나~~~'

그분들, 그 고수들 눈엔 장기판의 모든 게 보인다.
그리고, 꼭 이 말도 덧붙인다

"거 봐라! 내가 그거 안 된다고 했지?"
"내 말대로 했으면 벌써 이겼다!"

'난 뭔가 있다니까'라고 생각하는 거
시장바닥 장기판의 '훈수'와 똑같다.

부담도 없고, 책임도 없으니, 그저 내지르면 그만인 거다.

훈수 좀 둔다고, 함부로 내기 장기판에 끼어들었다간
국수 값이 아니라, 전 재산을 날릴 수도 있다.

나 너 우리 모두 비슷해 ^^

진짜 고수

나) 주식 어떻게 배우셨어요?

고수) 친구 아빠한테서요.

나) 월가에서 일하시는 분이셨어요?

고수) 아니요. 그냥 평범한 직장인이셨어요

나) 그런데 어떻게 주식을 그분께 배우셨어요?

고수) 어느 날 갑자기 주식으로 부자가 되셨거든요. 그래서 가르쳐 달라고 했죠.

나) 어떻게 갑자기…… 그게 가능한가요?

고수) 1/40 확률 게임이죠. 1년에 전도유망한 벤처기업 IPO는 40개 정도, 그 중에서 한 놈만 패다 보면 40년에 한 번은 걸리는 거죠.

나) 뭔가 매매 스킬이 있으셨나 봐요?

고수) 아니요. 그냥 열심히 돈만 모았어요. 쇼핑은 연말에 엄청 쌀 때 한 번 정도만 하고, 직장 열심히 한 곳만 다녔고, 연금 저축 착실 하게 붓고, 모기지 받아서 집도 사서 이젠 거의 다 갚아 가네요.

나) 얼마를 투자하신 거예요?

고수) 3천불 넣었어요. 0.5센트짜리였는데, 5달러가 되더라 구요. 어느 날 갑자기, 잊어먹고 있었는데, 고점에 못 팔고 좀 내려서 팔았 어요. 2백만불(22억원) 정도 남더군요.

나) 투자하신 지 얼마나 되셨어요?

고수) 18살 때부터…… 대충 30년 다 되어 가네요……

나) 그 동안 수익이 엄청나시겠어요?

고수) 아니요, 거의 본전이고, 이번에 제대로 터진 거예요

나) 그럼 도대체 뭘 배우신 거예요?

고수) 유태인이셨는데, 그냥 살아가는 방법이랄까…… 굉장히 절제되고 반복적인 삶을 가르쳐 주셨어요. 내 친구도 그렇게 살고 있고요. 친구 아빠는 그 후에도 몇 번 더 수익을 크게 낸 거 같아요. 아무래도 공부를 많이 하셔서 나보다 기업 고르는 실력이 좋으신 거 같아요.

위 내용은 우연한 기회에 알게 된, 맨하탄의 어떤 개인 투자자와의 대화이다. 이 대화로 난 페니주식과 투자에 대한 개념 자체를 바꿨다.

세상에 나쁜 주식은 없다. 그리고, 투자의 방법은 너무나 다양하다. 투기는 내 능력 밖의 자금을 가져 오는 것이 투기일 뿐, 세상의 어리석은 기준으로 나쁜 주식을 규정해서 매수하는 게 투기가 아니다.

진짜 고수는, 나의 방법이 세상의 무시를 받는다 해도, 외로운 시간을 무던히 잘 견디며, 나의 길을 걸어가며 인내할 수 있는 투자자이다.

나 너 우리 모두 비슷해 ^^

나이 따위

"내가 올해 74인데, 아직도 5km는 거뜬히 뛰어. 내가 몸은 좋은데 연금 받아 사는 걸로는 안되겠고, 돈이 좀 더 있어야 할 거 같아. 그런데 주식이 젤 빠르게 돈을 벌겠더라고, 5만불 있는데, 다 날려도 좋으니까, 무조건 100배 이상 날 수 있는 것들로 골라서 알려줘. 내나이 이제 겨우 74인데, 아직 20년은 더 살아야 하는데, 크게 한 몫 잡아야 하지 않겠어?"

뉴저지의 고집 지독하신 어느 고객님.
겨우 겨우 설득해서 3만불은 노후자금으로 안전하게 챙겨두시라 설득하고, 2만불은 원하시는 산업들의 10개 페니주식으로 나눴다.

설명하고 또 설명하고, 또 하고, 종이에 써서 드렸지만, 증권사 직원 말에 솔깃해서 엉뚱한 투자를 하고 오셨다.

"괜찮아! 그 사람들도 다 좋은 대학 나와서 배울 만큼 배웠는데 얼마나 똑똑하겠어? 세계적인 증권사에 들어갔는데."
이해도 되고, 딱히 말릴 상황도 아니고, 그렇다고 내 고집을 부릴 수 있는 것도 아니다.

나이도 있으시고 하니까 손실이 −10%가 넘어가면 빨리 빠져 나오시라고, 그 정도 손실까지는 생활하시는데 아무런 문제가 되지 않으실 거라고, 그렇게 당부하고 또 당부했다. 나이도 있으시니까 무리하게 투자하시는 건 안 좋다고 당부를 드렸다.

몇 번이나 잘 빠져나오시길 말씀드렸지만, 한국 다녀오신다고 연락 끊어진 어르신, 코로나19에 무너졌을 때 어떻게 하셨을지……

주식투자에선 나이가 정말 정말 중요하다. 그분들에겐 수익보다 잃지 않는 것이 더 중요하다. 무엇보다 현금흐름을 유지하는 것이 가장 중요하다.

여유 자금에서 발생하는 약간의 손실은 그분들에겐 잊었던 엔도르핀이 잠깐 솟아나 삶에 활력을 줄 수도 있으니까, 그에 대한 비용으로 취급해도 무관할 수 있다.

하지만 그렇다고 해도, 누구라도 주식투자 상담에 있어서 나이를 절대 무시하지 마라.

당신의 하찮은 수수료 소득을 위해 절대 아름다워야 할 노후를 짓밟지 마라.

주식 제일 못하는 사람

내 경험으로, 의사

평생 의학 공부만 한 사람이
반도체 전기차 블록체인 등등……
아는 척 더럽게 많이 한다.
종달새처럼 어느 보고서나 논문을 지지배배 읊어댄다.

콧대 더럽게 높다.
고집 더럽게 강하다.
분석 더럽게 많이 한다.
진짜 더럽게 주식 못한다.

주식투자 못하는
최악의 모든 조건을 전부 갖추고 있다.

주식 두 번째로 못 하는 사람

내 경험으로 은행원, 특히 기업담당

진짜 더럽게 많이 따진다.
의심 진짜 지독히도 많다.
아는 경제이론은 뭐 그리 많은지……
대화를 하다 보면 경제학 수업 듣는 기분이다.

게다가 기업의 재무제표로 아예 재무분석 논문을 쓰려고 덤빈다.
지들은 그런 거 다 따져서 대출 내주고
그런 거 다 따져서 투자승인 해주나?
그런데도 진짜 더럽게 숫자 가지고 따진다.

주식투자 못하는 필수 조건을 충분히 갖췄다.

주식 가격이 숫자대로 움직이면
세상에 실패할 사람이 몇이나 되겠어?

주식 세 번째로 못하는 사람

나

와이프가 그랬다.
나라고

아마도, 맞을 거다.
늘 세상의 모든 아내들은 현명하니까.
남편의 일에 대해서라면 더……

하지만, 걱정 마라.
난 앞에 두 사람과 달리
마음 편히 살고 있으니~~

세 번째라~~ 마음도 편해졌고
그러다 보니 주식도 좀 수월해 졌다.

자장면

사장님) 김 선생, 요즘 장사도 안되고 너무 힘들어. 밀가루 가격이
자꾸 오르니까 원가 맞추기가 더 힘들어졌어. 가격을 올리기도 그렇
고 말이야. CD 만기 되는데 주식 좀 골라줘 봐.
나) 그러니까 그냥 일반 밀가루 쓰라니까, 왜 비싼 유기농 밀가루를
쓰세요? 배송비도 비싸던데~
사장님) 그래도 어떡해. 음식 질 떨어지면 소문 나. 손님들은 유기농
믿고 오는데……
나) 하긴, 그것 땜에 저도 식구들 데리고 여기 오죠. 그런데 그 밀가
루 포장지에 회사 이름 뭐라고 나와요? 요즘 잘 나가는 거 같은데……
사장님) 글쎄 안 봤는데…… 거래처나 알지
나) 자장면 파시는 분이 그런 거도 모르고, 당장 가서 보고 그 회사
주식 상장되어 있으면 바로 사세요

그렇게
주식투자는
자신의 삶이고 관찰이다.

골드만삭스

"내 친구 아들이 골드만삭스에 다녀, 지점장이라고 하더라고… 그래서 내 돈을 맡아 달라고 했더니, 거절했어. 자그마치 백만 불인데도 말이야."

맨하탄의 한 신발가게 회장님께서 나에게 하소연을 하신다. 일백만 달러, 11억 원. 그런데 그 돈 운영하고 받는 수익분배금이 얼마나 될 거라고, 회사의 근무규정 어기면서 골드만삭스를 포기할까?

맨하탄에, 그것도 18가를 비롯한 중심가에 브랜드만 취급하는 신발가게 4개면 회장님 소리 충분히 들을 만 하다. 일백 만불, 그분께는 흑인들 총구 앞에서 목숨걸어 번 돈이지만, 골드만삭스 그 분께는 그저 월급 잘 받으면서 몇 년 버티면 모이는 돈이다.

돈이라는 거, 투자 자금이라는 거, 보는 이의 그릇에 따라 무게감이 달라진다. 그 무게에 따라 손실에 대한 대응도 달라진다. 그 대응에 따라 손익은 큰 차이를 보인다.

여유자금이 백만 불이라고 해서
그 돈 없어도 먹고사는데 아무런 지장 없다고 해서
내가 백만 불을 주식에 투자해서 손실이 나도 아무렇지 않을 수 있
는 그릇은 아닌 거다.

자기 그릇의 크기를 가늠하고
필요하다면 공부와 연습을 통해 그릇을 키워서
알맞은 규모로 투자를 해야만 한다.

신발가계 회장님의 투자 스타일은
그저 만불 정도로 가볍게 투자를 해야만 하는 그릇임에도
심각한 허세를 부리고 있는 거다.

나 너 우리 모두 비슷해 ^^

소득세

"주식 투자로 5천불을 벌었어요. 이거 세금 보고 해야 하죠? 세금 많다던데 얼마나 내야 할까요? 좀 줄일 방법이 없나요?"

30대 후반, 간호사, 독신. 주식투자 3년만에 수익이 났다.
그런데 세금이 걱정이다.

나) 괜찮다. 어차피 전년도 손실이 커서 3천불은 공제 된다. 남은 수익 2천불도, 올해 근로소득이 작아서 세율이 제로다. 그러니 세금은 안내도 된다.
고객) 세무사님 감사해요 그런 거도 모르고 엄청 고민했어요. 40%씩 내야 한다고 해서, 2천불씩 현금이 없거든요.
나) 그런데 왜 소득이 이렇게 낮아요? 보통 8만불 정도는 버는데……
고객) 트레블링 해요, 계약 끝나고 거기가 좋으면 좀 놀다가, 그러다 보니까 일하는 게 매번 파트타임이고 그러더라고요. 뭐 트레블링이라 숙소도 제공되고 하니까 큰 어려움도 없고, 재미있고 좋아요.

주식투자는 이런 환경에서는 절대 하는 게 아니다.

안정된 직장과 고정된 수입이 있은 후에 하는 것이다. 남들 한다고, 곁 멋에 취해 하는 투자는 그야말로 투기이고 시장을 교란하는 행동 이다.

또한, 세금이라는 것은 절대 소득을 넘지 않는다. 그러니 절세 보다 는 더 많이 벌 고민을 하는 게 옳다.

세금 따지고 있을 시간에 기업 제품이라도 매장에 가서 구경하는 게 더 낫다. 세금은 어차피 프로그램이 알아서 계산을 해주고, 내야 할 세금은 반드시 내야만 한다.
IRS(미국 국세청)는 평생 쫓아 다닌다.

나 너 우리 모두 비슷해 ^^

정성

예전엔

한겨울 차디찬 밤바람에도 어머님들은 물 한 그릇 떠놓고 자식이 잘 되기를 하늘에 빌고 또 빌었다. 고3 수험생 어머님들은 수능 시험날이면 시험장 정문에 엿을 붙이고 시험이 끝날 때까지 차가운 겨울 거리에서 빌고 또 빌었다.

요즘도

향수를 사러 가도 적어도 열댓 개 정도는 뿌려서 향을 맡아본다.

맛집에 가더라도 핸드폰 붙잡고 검색하고, 후기 보고, 사진 비교하고 그렇게 못해도 30분은 찾아본다.

여행을 가게 되면 저렴한 항공권과 깔끔한 호텔과 놀거리를 위해 며칠이나 밤낮을 가리지 않고 시시때때로 인터넷을 뒤진다.

아이들도 군것질을 하려면 한참 동안이나 과자 진열대 앞에서 고르고 또 고르고, 들었다 놓았다를 몇 번씩 한 후에야 한 개를 고른다.

고객 중에 옷 가게 주인이 있었다.

그분은 늘 불만이 많다. 자기는 항상 싸고 좋은 옷이라고 생각하는 것만 가져다 놓는데, 손님들은 입어보고도 다시 입어보고, 또 다른 옷을 찾고, 그러다 그냥 나가버리기도 한단다. 하지만, 손님 입장에서는 정성을 다해 소비를 하는 것이다.

옷 가게 주인) 이메일 보내주신 거 봤어요. 그런데 이런 거 전부 다 봐야 해요? 이걸 다 언제 보고 있어? 바빠 죽겠는데~ 그냥 올라갈 거 하나만 추천해 주시면 안 돼요?

돈을 쓰는 사람들도 저렇게 정성을 들이는데
돈을 벌겠다는 사람의 정성이 어찌 이렇게 미천할 수 있을까?

그까짓 보고서 십여 장 차분하게 읽어 내려가는 게 뭐가 그리 어려운 일일까? 그런 정성도 없이 돈 벌기를 바라는 사람에게 어찌 운이 따르고 기회가 다가올 것인가?

빨래

아이가 태어나고 육아를 하고
유치원을 보내고
초등학교를 보내면서 많은 것들이 변한다.

그런데 변하지 않는 것들 중 한 가지
빨래

어릴 적, 난 단정하다는 말을 많이 들었다.

세탁기도 없던 그 시절
돈은 늘 부족했던 가정에서
춥고 더운 사계절은 변함없이 내 어머님의 손을 얼게 하고
온몸을 땀으로 적시던 그 시절에

난 시장 옷만으로도 늘 단정하다는 말을 들었다.

비열한 시장, 외로움에 지쳐있는 그대에게

내 아이가 자라면서 빨래라는 것이 주는
수고스러움과 고단함을 알게 되었다.

세탁기도 있고
건조기도 있고
에어컨과 난방기가 빵빵한 지금

난 그 작은 행위마저 버겁다.

그 시절 나의 어머님의 고단함과 수고스러움을 가늠하지도
못한 채, 나는 내 아이만을 바라보며 살아간다.

오늘 문득 마당에 널린 아이의 빨래가 잠깐 떨어지는 빗방울에
젖는 것이 걱정되어 어머님께 전화하려던 내 머릿속이 하얘졌다.

난 지금 도대체 어찌 살고 있는가?

않을까?

우물우물 입을 놀리며
말을 시작하려는 아이에게
엄마라는 단어를 수백 번은 가르쳐야
아이가 드디어 엄마라는 말을 입 밖으로 내게 된다.
말이라는 게 그렇게 어렵다.

주식투자를 하는 사람들도 그렇게 말을 다시 배워야 한다.

~~ 하지 않을까?
~~ 할 수 있을 거 같은데?
~~ 그런 거 아니었을까?

한 문장으로 끝나는, 의문형의 이런 말들은
주식투자를 완벽하게 망친다.
확신 없고, 투자의 책임을 회피하려는 비겁한 화법이다.

비웃음을 사더라도, 나름의 근거를 가지고 현재 상황을 파악한 후
기대치를 확정해서 말해야 한다.

아이가 엄마라는 말을 수백 번 듣고서야
"엄마"하고 말을 시작할 수 있듯이

투자자들도 우유부단한 의문형의 말이 아니라
기승전결을 갖춘 제대로 된 말하는 법을 충분히 익힌 후에
생각하는 방법이 바르게 습관으로 자리 잡아야만
주식 투자에서 수익을 기대할 수 있다.

시장에서
개인 투자자들이
이기는 법

상식으로 이해시키기

중앙일보에 처음 내 이름을 걸고 투자 칼럼을 기고하기 전 날, 난 자랑스러운 마음에 아내에게 원고를 내밀었다. 당신 남편의 잘남을 마음껏 누려보라고……

그런데 돌아온 답은……
"이거 너무 어려워서 무슨 말인지 모르겠어"

그녀가 모르는 건 당연했다. 주식을 전혀 안 하니까. 나의 유식함은 나와 함께 사는 사람조차 이해시키지 못하는 쓰레기였다. 난 거의 모든 내용들을 쉬운 말로 수정했다.

유식한 척, 뭔가 있는 척하지 마라

일반적인 상식으로 논리를 세우고 분석하고 전략을 짤 수 없다면, 그렇게 내 사람조차 이해시킬 수 없다면, 그건 허세 가득한 쓰레기이다.

인터넷 활용 방법

가끔
아니 생각보다 자주 한국어 기사가 구글 번역기보다 시장 분위기를
잘못 전하는 경우가 많다.

미국 주식에 손을 대는 투자자라면
영어 공부 따로 못하면, 가볍게 구글 번역기라도 돌리자.
시장 분위기는 충분히 전달이 된다.

지금 당장 컴퓨터에 검색엔진 설정에서
지역은 미국으로 바꾸고
언어도 영어로 바꾸어 보면
검색의 결과가 많이 달라지는 것을 알 수 있을 것이다.

인터넷 세상이 때론 아주 미련하지만
때론 아주 영리하기도 하다.

지식 vs 지혜

많이 공부하면 주식 잘할까?
그럼 뭘 많이 공부해야 하지?

위대한 투자 이론도 결국
지나간 과거 역사 속에서 지나간 유행이다.
시장에서 살아남으려면 지식보다는 삶의 지혜가 필요하다.

인간의 보편적인 삶의 가치를 이해하고자 하는 노력이 필요하다.

기업의 모든 수익 활동이 이를 바탕으로 이뤄지고
주가는 결국 이런 기업의 수익활동에 의해 결정되기 때문이다.

든든한 빽

문득 문득
그렇게 떠올려지는 종목이 서너 개쯤은 있어야 한다.

가끔씩 카오스가 시장을 휩쓸고
어떤 지표도 상식적이지 않을 때
혹은 버블이라는 단어가 세상에 떠돌 때
사람들이 길을 잃었을 때

그런 시장에서
든든한 빽처럼
떠올릴 수 있는 종목이
하나쯤이라도 있다면
당신의 투자는 실패하지 않을 수 있다.

차트 분석

캔들 볼 줄 아세요?
"네"

이동평균선은 아세요?
"그 정도는 당연히 알죠"

그럼 좋아하는 기술적 분석은 하나쯤 있으세요?
"그럼요. 스톡캐스틱 좋아해요"

그럼 됐다. 당신은 차트 분석의 모든 것을 알고 있다.

혼자 즐길 줄 아는 사람

시장과 마주하고
혼자 있는 시간을 즐길 수 있어야 한다.

적어도 1주일에 5시간 정도는
혼자 시간을 보낼 수 있어야 한다.

1주일을 정리하고
다음 1주일을 준비하는 시간
전략을 확인하고
위험요인을 찾아내는 시간

그 혼자만의 시간을 즐겁게 즐길 줄 알아야
투자의 흐름을 유지할 수 있다.

나무와 숲

숲을 보려 애쓰지 마라
그대가
뜨거운 태양을 피하는 데는
그저 한 그루의 나무면 충분하다.

경제와 시장 전체를 보다
기업의 주가 흐름을 놓치면
결국 보유종목은 나에게 손실을 가져다준다.

그러니
숲을 보려 애쓰지 말고
눈 앞의 나무 한 그루에 집중할 방법을 찾아야 한다.

비열한 시장, 외로움에 지쳐있는 그대에게

섣부른 매도

우리가 매도에 실패하는 것은
잘못된 전략 탓이 아니다.
잘못된 뉴스나 보고서 탓도 아니다.

실패한 매도는 믿음이 약해졌기 때문이다.
우리가 처음 세워 둔 전략에 대한 믿음
내가 최선을 다했다는 나에 대한 믿음
그 믿음들이 더 이상 남아 있지 않기 때문이다.

시장의 눈치를 보고, 뉴스를 뒤적이며
곁눈질로 호가 창을 기웃거릴 때
그 믿음들이 약해지고 있음을 알아차려야 한다.
손실은 이미 다가오고 있음을 알려주고 있다.

매도는 전략에 따라 기계처럼 실행해야 한다.

실수 혹은 거짓

GDP성장률 속보치 사상 최고!
주식시장은 급등했다.

한달 뒤
GDP성장률 잠정치 0.2%P 하향 조정, 기관들은 그래도 성장세가 유지되고 있다고, 기업들 실적은 더 좋아질 거라고 언론을 통해 기사를 내보낸다. 그렇게 주식시장은 기업 실적 기대감에 또 상승했다.

다시 한 달 뒤
GDP성장률 확정치 0.1%P 하향 확정! 기업실적 평년 수준, 대기업들의 자사주 매입과 대형 M&A 이슈에 시장은 GDP성장률 조정을 희석시키고 현재 수준을 유지했다.

2개월 전, 속보치가 나온 그 시점부터, 현재 확정치가 나오기까지의 시장 상승분은 거품이다.
가치라는 입장에서 보면 분명 거품이 맞다.

그동안, 이런 상황들이 수없이 반복되어 오면서 담당자의 실수였다는 사례도 있었고 혹은 정치권의 음모를 들먹이며 거짓이라는 루머들도 있었다.

따져야 하나? 어디에? 미국은 한국 같은 국민청원도 없다.

시장이 잘못되었다 따지지 말고 그냥 받아들이고 지나가야 한다. 그저 시장이 변해가는 하나의 방법일 뿐이다. 적응하지 못하면 나만 뒤처진다.

시장엔 이런 사례들이 얼마든지 있다.
그러니, 지나간 것에 얽매이지 말고 그냥 지나가야 한다.
고집부리지 말고 그냥 지나가야 한다.

캔들과 거래량

"그림을 그려 파도와 바다를 분리할 수 있는가?"

결코 분리될 수 없다.

그렇다면 '파도'와 '바다'라는 말을 누가 만들었을까?

그 말이 생기면서부터 우리는 파도와 바다에 대해 고정관념을 만들어 버렸다. 바다와 수평선을 그리고 그 위에 잔잔한 물결을 그리면서 우리는 바다와 파도라는 말을 하지만 본디 두 가지는 하나이다.

그렇다면 캔들과 거래량은 분리될 수 있는가?

없다.

하지만 대부분의 투자자들은 이 개념조차 무시하면서 패턴과 추세 그리고 보조지표들을 말한다.

자신이 아는 것만이 전부라고 믿으면서 차트를 자신이 정한 틀에 짜 맞추어 해석하는 것은 차트를 보지 않는 것만 못하다.

에너지

시장 에너지는 캔들의 꼬리에 숨어 있다.
시장 에너지는 거래량에 숨어 있다.

그렇게 숨어 있어서 에너지는 알 수가 없다.
그런데도 우린 늘 상승 에너지를 찾아야 한다고 말한다.

웃기는 건
상승하고 난 뒤에 차트를 보면 '그게 에너지였구나'
'올라갈 수밖에 없었구나' 하는 생각이 절로 든다는 거다.

눈에 보이지도 않는 에너지를 찾아 숨바꼭질 그만하고
눈에 보이는 캔들의 패턴 연구에 힘을 더 쏟는 게 어떨까?

생각의 범위

당신이 "황금알을 낳는 거위"를 사고자 한다면 어떻게 가격을 측정할 것인가?
난 배가 고프니까 3만5천원 정도를 주고 잡아먹을 거다. 현실은 이 가격에 팔지도 않겠지만, 잡아먹은 사람도 제정신은 아니다.

우리가 정하는 가격 즉 가치라는 건 매매 당사자 간에 생각이 일치해야 한다.

2020년이 되면 전기차만 존재할 거라던 생각들은 테슬라 주가를 하늘 높이 올렸고, 2020년 10%에 미치지 못하는 전기차의 시장 점유율과 치열해지는 경쟁은 전례 없는 호실적에도 테슬라 주가의 발목을 잡았다.

목적을 정하고, 그에 합당한 가격을 지불하는 것이 바로 내가 정한 '가치'가 된다. 내가 정한 가격을 벗어난 거래는 외면해야 한다.

아모르파티(Amor fati)

당신의 운명을 사랑하라!

머리가 6개나 달려 사람들을 마구 잡아먹는 괴물 스킬라와 무엇이든 삼켜버리는 거대한 바다 소용돌이 카라브디스 사이를 지나가는 오디세우스가 겁에 질린 그의 부하들에게 이렇게 말했다.

"우린 이미 충분히 거친 파도를 거쳤다, 하나 더 추가되는 파도쯤 아무것도 아니다. 당신의 운명을 사랑하라. 참아라! 나의 마음아! 고통을 견뎌라, 우리는 괴물과 함께 살고 있다. 우리는 고통받을 운명이다. 가족에게 돌아간다는 목표를 가져라. 어려움에 도달하면 멈추지 말고 한걸음 더 나아가라."

우리의 목표는 가족에게 돌아간다는 것이다.

가치투자

"가치투자"라는 것을 하기 위해서 우리는 두 가지 형태의 종목을 구분해야 한다. 바로 가치주와 성장주이다.

"가치주"라는 것은 안정된 기업의 경영환경이 어느 순간 폭발적인 관심을 통해 주가가 급등하는 모습을 보이고, "성장주"이라는 것은 일시적인 불안감은 있으나 신제품이나 새로운 시장개척을 통해 폭발적인 성장을 보이는 것으로 나타나기 때문이다.

가치투자를 위해선 가치를 가진 기업의 주식이 두 가지 범주의 어느 곳에 속하는지를 분명히 구분해야 매매전략이 수립되고 불필요한 기회비용의 발생 없이 적절한 기간 동안 안정된 수익을 실현할 수 있다.

종목이 선정되었으면 경기변동을 분석하여, 주식 침체기에 집중해서 주식을 매수해야 한다. 이런 종목들의 경우 정부 정책이 산업에 미치는 영향은 매우 중요한 변수이다.

가치주가 보여주는 재무제표상의 특징은 부채와 같은 우발채무가 일체 없는 대차대조표가 깨끗한 기업들이 대부분이며, 충분한 자산과 유동성(현금)을 보유하고 있다는 것이다.

가치주 투자는 투자기간의 인내심이 필요하다.
가격 변동성은 매우 적을 수 있으며, 펀드멘탈의 하락이 없다면 가치를 시장에서 주목받아 폭발적인 상승이 있을 때까지 기다려야 하기 때문이다. 하지만 가치주의 특성상 우량한 재무구조와 안정된 순이익을 바탕으로 분기/반기/연간 배당이 지속적으로 이루어지므로 매집의 시간이 다소 오래 걸릴지라도 결과적으로 다른 투자수단에 뒤처지지 않을 충분한 수익을 가져다줄 수 있다.

가치주의 매수 가격을 두려워할 필요는 없지만, 지루한 시간의 기회비용을 부담하지 않기 위해 반드시 작더라도 가격과 거래량이 상승을 시작하는 시점을 잘 선정해서 매수해야 한다. 가치주 투자를 통해 기대할 수 있는 수익률은 통상 연평균 25%~35% 수준이다. 다만, 자금을 안정되게 장기간 묶어둘 수 없는 투자자의 경우엔 가치투자는 적절하지 못하기에 성장주 투자로 전환해야 한다.

성장주의 경우 전반적인 흐름은 가치주와 유사하다. 하지만 재무제표상에서 최근 분기별로 수익성과 성장성 지표의 상승 추세가 중요하며, 사업영역을 전환중인 기존 기업들도 있지만 바이오, 첨단기술 등의 업종들을 비롯해 신규투자가 진행중인 기업들 대부분이 관심의 대상이다. 특히 인수합병이 활발히 진행 중이거나 대규모 투자가 예정된 기업들은 반드시 지켜봐야 한다.

스마트폰처럼 사람들의 일상생활을 변화시키거나 유기농 제품처럼 식습관을 변화시키는 등 우리 주변의 변화를 야기하거나, 사회적으로 새로운 트렌드를 이끌어갈 수 있는 산업들이 중요한 분석대상이다. 이들 기업은 초기에 산업에 진입하기에 높은 진입장벽을 구축하고 있으며, 신규투자를 위해 막대한 현금을 확보하는 특징을 가진다.

종목이 선정되었으면 시장의 불안요소에 의한 종합지수의 일시적인 하락시기를 매수시점으로 잡아야 하며, 차트의 거래량과 매물대에 비중을 두고 분석해야 한다. 또한 해당 기업 제품의 실제 시장환경을 조사해야 하므로 백화점 도매상 대형마트 등을 직접 조사하거나,

인터넷 등을 통해서 실제 소비자들의 소비형태를 관찰해야 한다.

투자는 수개월에서 최대 18개월을 넘기지 말아야 하며, 가치주보다 상대적으로 단기에 높은 수익을 기대하는 만큼 손실에 대한 위험도가 상대적으로 높다. 기대수익은 20%~80% 수준이다.

"가치투자"라는 것을 그저 재무제표에서만 찾으려 하는 것은 굉장히 편협하고 잘못된 접근법이다.

사회와 사람들의 변화를 이해하고 관찰하고, 그 과정을 통해 산업의 싸이클과 경쟁구조 그리고 소비자 행동에서 차지하는 위치를 파악한 후, 적절한 전략으로 매매의 과정을 진행하여야 한다.

시장 외 변수에 의한 급락

갑작스러운 시장 외 변수에 의한 주가 급등락 시기는 투자의 기회가
아니다.

오직 어떻게 잘 버티느냐, 그리고 이 상황이 종료되는 시기에 내가
손실 없이 주식을 보유하고 있는가 하는 게 중요하다.

뉴스를 쫓아 일희일비하는 불나방 같은 투기나, 급락에 대한 반발
기대로 테마주를 쫓아다니는 행위들은, 개인들이 장기간 안정된 누
적 수익을 쌓아가는 투자에는 도움이 되질 못한다.

늘 그렇듯이 작은 수익에 큰 손실이 뒤따를 뿐이다.

석유차에 대한 오해

우리의 상식은 석유 매장량이 고갈되어 새로운 에너지원이 필요하다는 것이었다. 하지만 최근 30년간 확인된 석유 매장량은 연평균 2.5%의 성장률을 보이고 있다. 자꾸 늘어난다.

1980년대엔 30년 뒤인 2010년이 되면 석유가 바닥난다는 보고서들이 대세였다.

2010년도 즈음엔 유럽을 비롯한 미국과 아시아 일부 국가들은 2025년이 되면 기름 사용하는 자동차가 사라지도록 하겠다며 로드맵을 발표했다.

2020년 현재는 대략 50년 이상 사용 가능한 석유가 매장(채굴 가능한 매장량)되어 있다고 알려져 있다.

석유 에너지에 대한 개인적인 견해는, 인류의 석유자원 사용량은 이제 겨우 사과껍질 수준이라는 것이다.
지구를 사과의 크기에 비교했을 때, 인류는 석유라는 자원을 겨우

얇은 사과껍질을 조금씩 벗겨가고 있는 수준에서 사용 중이라는 것이다.

석유차는 전기배터리 수소배터리라는 막대한 비용의 자원에 비하면 엄청나게 저렴한 에너지를 사용하는 것이다. 이 좋은 에너지원을 그렇게 쉽게 포기할 수 있을까? 아무리 10%나 배터리 가격을 낮춘다고 해도 경쟁의 "ㄱ"조차 되지 않는다.

환경? 청정개발사업으로 크레딧 팔아서 돈이 되니까 환경을 따지는 것이다. 돈 앞에 진짜 환경은 뒷전이다. 미국을 보면 이해할 수 있다. 수지가 안 맞으니까 미국은 과감히 탄소시장을 포기했다.

석유차
그들은 망해가는 것이 아니다.
그저 전기차 시장이 무르익을 때를 기다릴 뿐이다.

전기차도 산업일 뿐

모든 산업은 싸이클이 있다.

태어나고 자라서 경쟁하고 누릴 만큼 누리다 사라져 간다.

벤츠 BMW 아우디 GM 포드 닛산……

이 회사들이 바보라서 전기차를 제대로 출시를 안 하거나 경쟁하고 있지 않는 걸까?

아니다.

아직은 제대로 돈이 안되니까 자동 생산 라인을 안 까는 거다.

테슬라가 오죽하면 중국에 가서 CER 팔아서 적자 메울 생각을 했을까? 테슬라는 아직도 차 판 걸로는 적자 상태다.

그저 산업의 태생 이후 자라나는 시기에 테슬라가 미국 정부의 비호 아래 잘 나갔으나, 이제부턴 전기차 시장에 본 게임이 시작되는 상황에서 과거의 영광이 재연될 거라는 기대감만으로 투자에 나서는 것은 매우 어리석은 행동이다.

테슬라는 지금 공부를 조금 더 잘 하는 아이일 뿐이다. 국제학교, 사립학교, 특수한 목적의 다른 학교 아이들이 뭘 하는지도 모른 채, 학교에서 좀 잘나간다고 까불다간 큰 코 다칠 수 있다. 자기가 서울대 갔다고 자랑하고 있을 때, 그 아이들은 해외에서 레벨을 달리하고 있다.

아우디의 A8(유일한 자율주행 레벨3), 벤츠 EQC400, BMW의 'i'시리즈와 포드의 F-150 그리고 제너럴 모터스의 허머 전기차들이 바로 해외 유학파의 대표적인 사례이다.

본질적으로 전기차 역시 지금 자동차 산업과 같은 길을 가야 하는 자동차 산업일 뿐이다.

그래서 자동차 포기하고 자율주행 솔루션 사업으로 방향 튼 구글이 똑똑하다고 평가 받는 거다.

적정한 가격

현재 시장의 가격은 적정한 수준인가?
주식시장에서 어떻게 "적정"하다는 평가를 내릴 수 있을까?

"적정"하다는 절대적인 가치의 계산이 가능한가? 절대적인 기준을 선정할 수 없을 경우엔 "상대적인 기준의 비교" 방법을 사용한다.

그런데 이 계산들이 일반인들에게 가능할까? 엄청난 슈퍼 컴퓨터가 계산했다고 해도 결과에 따라 주가가 움직여 줄까? 이미 수많은 테스트들로 인해 그렇지 않다는 걸 우린 잘 알고 있다.

적정하다는 것을 개인 투자자들이 이해하려면, 시장의 흐름을 놓쳐서는 안 된다. (시장의 흐름은 매일 모니터 보고 뉴스 쫓아다니는 게 아니다)

시장을 이끄는 어떤 변수를 찾아내야 한다.

예를 들어 코로나19로 인한 급락 이후에 상승에선 이동평균선의 흐름을 이해해야 했다.

2020년 4월~10월까지 시장은 50일 이동평균선이 중요한 가치의 기준이 되었다.

그 기준선을 가지고 가격은 수렴과 확산을 반복했다.

시장의 심리적 반응도 함께 나타났다.

시장의 가격은 그 과정을 통해 적정한 '가치'를 찾아 움직였다.

가격과 가치가 같아지는 기준

그 기준은 늘 시간이 지나면 다른 것으로 바뀌게 된다.

따라서 그 기준을 찾기 위해 시장의 흐름을 놓치지 말고 넓은 시야와 긴 호흡을 유지해야 한다.

BTS 빅히트

97년 주식을 처음 접하고 아직까지 살아남아 이렇게 되돌아보니 개인투자자들의 피해자 놀이가 지금의 한국 시장과 개인투자자들을 이렇게 망가트리지 않았나 하는 생각이 들었다.

BTS의 빅히트가 개인투자자들을 울렸다?
말도 안 되는 기사가 감정 팔이를 하고, 손해를 본 투자자들은 위로 받으려 떼쓰고, 물어내라고 땡깡을 부리고 있다.

참 말도 안 되는 상황이다.

여긴 자본주의의 가장 더러운 밑바닥 주식시장이다.
가격은 시장이 정하고
그 시장의 주체는 바로 당신 스스로이다.
당신의 선택으로 인해 가격은 움직였다.
본인이 매수했다고 오르길 바라지 마라.
당신의 매수가 다른 이에겐 매도의 이유가 되었고
어떤 이에겐 수익실현의 기회가 된 것뿐이다.

모든 주체는 바로 당신이다.

그게 시장주의 체제 하에 놓인 주식시장의 핵심이다.

진짜 문제는 수없이 이런 상황이 반복된다는 것이다.

"정부가 좋다고 해놓고~" 이런 말이 끝없이 반복된다.

이젠 개인투자자들 스스로의 행동에 문제가 있다는 생각도 깊이 해

보고, 투자를 시작하기 위한 자격이 되는지도 스스로 점검을 해봐야

한다.

실전투자

지난주는 진입하는 용기가 필요했고
이번 주는 헤지라는 교활함이 필요하다.
그리고 앞으로 2~3주간 우리에겐 시장을 지켜볼
인내심이 필요하다.

정답이라고 하는 것은 없다.
나름의 스타일에 맞는 전략만 있을 뿐!!!

스스로의 소신으로 후회 없는 투자가 되기를……

침묵

주식이 하락할 때 나타나는 공통점은 '침묵'
이는 워렌 버핏이나 소액의 개인투자자나 모두 같다.
다만, 워렌 버핏 같은 사람은 나중에 변명거리가 분명하다. '법적으로 시장에 충격을 주는 어떤 말도 할 수 없었다.' 아주 지극히 법적인 책임을 피해 가는 정당한 말이다.

하지만 개인들은 변명의 여지없이 기관과 기자들에게 '탐욕과 무지로 중무장한 투기꾼'으로 취급받게 된다.

워렌 버핏이 지금 하락장에서 침묵하려 한다면, 그는 자신이 애플을 매수했을 때도, 항공주를 팔았을 때도, 어떤 상황에도 법적인 공시만 하고 언론에 나와서 떠벌리지 말아야 했다.

그들의 침묵 뒤엔 늘 독사의 혀와 같은 말이 따른다.

관찰

미국인들이 즐겨 찾는 Diner의 전통적인 아침식사 메뉴이다.

한쪽 면만 익힌 계란 2개, 홈메이드 감자구이 약간, 구운 식빵 1개,

베이컨 3줄 그리고 음료는 물 대신 커피 한 잔

시골 마을로 가면 세금 포함해서 약 6불 정도

팁은 어딜 가나 1~2불 정도로 별도이다.

그런데 이게 우리 동네(뉴욕 웨체스터)에선 약 11불 정도 나온다. 하지만 불과 4년 전엔 이 메뉴를 7불 정도에 먹을 수 있었다. 커피 리필까지 무료로 받으면서…(지금은 리필도 없다.)

3~4년 사이에 50% 가까이 오른 서민 물가

이것이 미국의 최저임금이 15불로 상승한 뒤에 숨겨진 물가라는 현실이다. 최저임금 상승은 곧장 서민물가 상승으로 이어졌다.

하지만 주식시장에서 바라보는 물가는 현저하게 낮은 수준이다. 그래서 사람들은 미국에 물가에 대한 문제가 전혀 없다고 생각한다.

미국의 물가가 낮은 수준을 유지하는 것은 아마존닷컴 같은 온라인 기업들이 저가의 중국산 제품들을 미국 시장에 엄청나게 유통시켰기 때문이다.

직접 체감하는 현실적인 경제상황과 주식시장의 숫자 사이에 이렇게 큰 차이가 발생하기도 한다. 이 차이를 줄이는 것이 연준의 과제이기도 하다. 이런 사실을 이해한다면 물가라는 변수에 대해 '안정성'이라는 단어를 붙이진 못한다. 왜냐하면 물가라는 것은 반드시 어느 분야에서건 문제를 만들기 때문이다. 현재 미국의 물가는 기업들의 제품 판매가격에 문제를 만들고 있는 상황이다.

한 끼 식사에서 시작된 관찰이 디플레이션에 이르렀다. 주식에 투자하고 분석한다는 것은 이처럼 내 주변을 지나치지 않고 변화를 관찰하는 것이 그 시작이다.

비열한 시장, 외로움에 지쳐있는 그대에게

가난한 유태인들의 노후대책

5천불을 죽으라 모은다.

1센트짜리 페니주식을 1개 골라서 몰빵 한다.

또 5천불을 죽으라 모은다.

또 다른 1센트짜리 주식에 몰빵 한다.

또 5천불을 죽으라 모아서 1센트 주식에 몰빵한다.

이 과정을 평생 죽을 때까지 반복한다.

내가 살아서 실패할 수 있으니까 아이들에게도 가르친다.

원칙이 있다.

기본적인 노후연금 은퇴연금 학자금연금은 모두 다 들어간다. 이런 상황에서 일반 직장인이 5천불 모으려면 죽으라고 일해야 한다.

아이의 미래를 위한 펀드와 가정의 경제는 반드시 분리한다. 우리 아이들은 부자로 살게 해야 하니까?

망한 주식은 그냥 망한 거다. 뒤돌아 보거나 중간에 건드리지 않는다.

뉴욕 맨하탄에 사는 고객들로부터 소개받은 성공한 몇몇 유대인들로부터 직접 보고 들은 사례들이다. 아주 어리석고 단순해 보이지만 이거 굉장히 어려운 삶이다.

우리나라 속담에도 부자가 되려면 삼대를 거쳐야 한다는 속담이 있다. 경제적 기반이 없는 1세대가 노동을 통해 2세대를 교육시키면, 2세대가 고학력을 기반으로 경제적 중산층으로 도약하고, 3세대가 그것을 기반으로 안정된 부를 이룬다는 거다.
농경사회였던 우리나라에서 굉장히 바람직한 방법이다.

자본주의가 일찍 시작된 미국에서 유대인들이라고 처음부터 잘 살았던 건 아니다. 오히려 패스트가 유행할 때, 나치로부터 쫓겨날 때, 그들은 끝 없는 학살을 경험하며 다른 어느 국민들보다 가난했다.

그래서 다양한 부자되는 법들이 만들어졌다. 산업을 독식하고, 고리대금을 하는 등등 그 중에 한 가지가 바로 이 방법이다.

미국에선 다음 시장을 이끌 벤처기업으로 매년 40개 성도의 기업이 새롭게 상장을 하고 대부분 페니주식으로 시작을 한다. (페니주식은 5불 이하의 주식을 말한다. 쓰레기 주식이 아니다)

비열한 시장, 외로움에 지쳐있는 그대에게

확률적으로, 1/40, 내가 50년을 이렇게 살면 한 번쯤 100배 1000배 대박 주식이 걸리지 않을까? 아니면 내 자식까지 100년을 그렇게 살게 된다면?

확률적으로 한 번은 당첨이 되지 않을까? 30여년을 똑같은 번호로 산 로또가 결국 1등에 당첨된 뉴욕 브룩클린의 누군가처럼……

그런데 이게 쉬운 삶일까?

그들은 1년에 단 1개의 주식을 고르기 위해 엄청난 양의 책을 보고 공부한다. 그리고 남들처럼 집을 사고, 노후대책에 자녀들 교육까지 다 하면서, 이 돈을 모르려고 엄청난 자제력과 검소한 생활을 해야만 한다.

이렇게 할 수 있을까? 쉽지 않다.

선대로부터 지독하게 교육을 받고 검소함이 몸에 배어있지 않으면 힘들다. 그리고 부모와 커뮤니티로부터 주식분석과 생활에 대한 굉장히 엄격하고 체계적인 교육이 진행되어야만 가능하다.

대박을 노리고 한탕을 꿈꾸는 잘못이라고만 생각하면 우리는 스스로 한가지 기회를 놓치는 거다. 시간이 쌓이면 이렇듯 체계적이고 합리적인 방법으로 변화될 수도 있다.

세대를 넘어선 백 년, 천 년의 노력으로 그렇게 유태인들은 세계의 부를 손에 넣었다. 그들의 돈이 아닌 삶을 생각해 봐야만 한다.

차트, 그 신묘함

주식 차트를 들여다보고 있으면
마치 하얀 종이에 붓으로 그려진
살아 있는 수묵화 같은 신묘함을 느낄 때가 있다.

어느 날 차트가 자꾸 나에게 말을 건다.
자기가 걸어갈 길을 보여주겠노라
하얀 백지 위에 희미한 길이 보인다.

미치지 않고 서야……
하지만, 당신도 머지않아
그 신묘한 길이 차트에 보이는 경험을 하게 될 것이다.

그런 환상? 허상? 생각? 뭐든 간에
그 정도로 공부하지 않고 스스로 공부 열심히 했단 소리
입 밖에도 내지 말아라.

무분별한 투기

(2018년도 상황)

2개월 전에 14센트에 사두었던 전기차 배터리 주식이 19센트로 올랐다. 수익률 35.7%.

어떤 사람들은 싸구려 주식에 손대는 건 무분별한 투기라고 말한다. 더구나 집중투자라니……

8월엔 마리화나 주식이 한달 만에 100% 상승했고 다음주 초에 다시 들어 갈 예정이다. 어떤 사람들은 마리화나 같은 부도덕한 내용은 말하고 싶지 않다고 한다.

삼성전자가 250만원에서 4만5천원이 되었다고 쓰레기라고 할 수는 없다. 가격은 가치로 회귀하는 과정일 뿐, 지금의 단순한 가격의 수준으로 기업의 가치를 가늠해서는 안 된다.

아마존닷컴이 2000년대 초반 적자를 내고 있을 때 막강한 수익을 내던 장난감 회사 토이저러스 대표는 온라인 판매 사업을 하찮은 사업이라고 비웃으며, 온라인 장난감 판매를 아마존닷컴에게 위탁했다. 그리고 시장이 온라인 중심으로 재편되고, 경쟁력을 잃은 토이저러스는 망했다.

세상의 모든 것에 긍정적인 면이 있다는 것을 알아야 주식 시장의 양방향 가격 흐름을 따라갈 수 있다.

누군가에게 무분별한 투기도 그 기준이 무엇인지에 따라 어떤 상황에선 투자가 되고, 지금 바람직한 투자도 시간이 지나 투기였음을 알게 될 수도 있다.

투자의 기간

워렌 버핏은 이런 말을 했다.
"주식시장은 인내심 없는 사람의 돈을 인내심 있는 사람에게 이동시키는 도구이다."

우리는 이 말을 듣고 '15년 전에 아마존닷컴을 사서 인내심을 갖고 기다렸으면 100배는 수익이 났을 텐데'와 같은 생각으로, 주식투자는 인내심이 있는 사람만이 돈을 벌 수 있는 거라고 단정 짓는다.

유명한 모 증권사 대표도 그런 말을 하며 강연회를 통해 고객들을 모집 한다.

정말 그럴까?
사실 그런 경우는 찾기가 쉽진 않다.
시장에서 15년 이상을 살아남아 최고의 기업이 되는 확률은 굉장히 낮기 때문이다. 한국 기업들은 더 심하다. 30대 기업 안에서 10년 뒤에도 살아남아 있는 회사는 1/4도 되지 않았었다.

2000년대 초반 왜 미국인들은 아마존닷컴이 아니라 이베이를 사야 했을까? 15년전 당시 미국에서 인터넷 쇼핑의 최강자는 이베이였다. 사람들은 누구나 그 시점에서 최고의 선택을 하고자 하기 때문에 대부분의 투자자들은 아마존이 아닌 이베이에 투자를 했다. 미국인들이 온라인 쇼핑산업의 성장성을 무시하고 몰랐던 것이 아니다.

그런데 이베이 주식을 2003년도에 사서 지금까지 가지고 있다면 주가 수익은 3배 정도이고 배당도 거의 없는 수준이었다. 이 기간이면 차라리 부동산 투자가 훨씬 안정되고 이익이 컸다.

우리는 이렇게 특정 종목에 해당하는 것을 일반화 시켜서 자신에게 적용하는 수많은 일반화의 오류를 범하면서 살고 있다.

일반화의 오류(一般化-誤謬, 영어 : Generalization error)란 부분을 전체로 착각하여 범하는 생각의 오류이다. 즉, "인간이나 사물 혹은 현상의 단면을 보고 저것(사람)은 당연히 저럴 것이다."라고 미리 짐작하여 판단하는 오류이다. 나무를 보지 말고 숲을 보라는 것은 대표적인 일반화의 오류를 지적한 말이다.

투자자들의 가장 많은 질문 중 하나인 '투자의 기간'에 대해서 이런 오류가 많이 발생한다.

우리는 흔히 '나는 단기 투자자야' 또는 '나는 장기 투자자야' 이런 말들을 한다. 어떤 주식을 하나 사면 하루 만에 파는 분들도 있고, 무조건 길게 보유하는 분들도 있다.

그런데 투자의 기간을 설정하는 것은 배당이익과 주식의 종류(가치주 or 성장주) 그리고 기대수익에 따라 전략적으로 추세를 타며 결정되는 것이지, 내 생각대로 미리 결정을 해버리는 것이 아니다.

또는, 내 성향을 파악하고 내가 지치지 않는 기간을 설정하는 것도 방법이다. 누구나 개인적인 체력의 한계는 존재하기 때문이다.
(필자의 경우 일반적으로 6개월 이상 길게 보유하는 것을 좋아하지 않는다. 1년에 2번은 쉬어야 체력적으로 지치지 않고 주식시장을 볼 수 있기 때문이다.)

어떤 종목을 사게 되면 원하지 않아도 자칫 시장의 하락에 휩쓸려 주가가 하락할 수도 있다. 그런 상황에서 '나는 장기투자자이다'라는 마음으로 무조건 버티고 있으면 가장 먼저 투자자 본인이 지쳐버리게 된다.

투자라는 것도 사람이 하는 것이고, 내가 기계나 인공지능이 아닌 이상 심리적 변화 없이 무조건 버텨내기는 힘이 든다. 이런 경우 사전에 설정된 손절매 구간에서 정리를 하고 다시 전략을 수정해서 진입하는 것이 유효한 매매전략이 된다.

상승의 경우도 같다.
상승이 너무 급하게 오게 되면 최초 분석과 다르게 수급의 변화가 크게 생긴다. 그래서 나는 급등 종목의 조정 시에 신규 매수하는 것을 거부하고 충분히 기다린다.
시장에서 소외되던 종목이 갑작스럽게 거래량이 크게 늘면서 일반 투자자들의 손을 타게 되면 기업의 본질적 가치가 주식의 가격에 적절하게 적용되지 않고 투자자들의 심리적 기대치 혹은 불안감이 과도한 가격의 변화를 유도하게 된다. 이럴 경우엔 가격이 올라가든 떨어지든 거래량이 충분히 안정될 때까지 기다리는 것이 정상적인 투자의 전략이다.

이렇듯 투자의 기간이라는 것은, 막연한 생각으로 사전에 내가 고집을 부리고 설정을 해버리는 것이 아니라, 시장의 흐름에 맞도록 유연하게 대처하는 것이다.

지금은 최고의 시대가 아니다

이번엔 다를까?

이번엔 끝없이 좋기만 할까?

일반적으로 제공되는 주식차트를 보면서

사람들은 코로나19 이전 10년이 역사상 최고의 시대라고 말하지만 그건 잘못된 분석이다.

코로나19 이전에 시장은 10년간 약 300%의 상승을 보였지만, 그보다 10년 전인 1999년도 기준으로 과거 10년간 380%의 상승을 보였다. 그땐 2008년 금융위기 같은 시장의 급락도 없이 시작했다.

하지만 그 시절에도 시장엔 어김없이 조정이 왔고 언제나 신문과 언론엔 개인들이 욕심을 부리거나 무지해서 실패했다는 기사들로 도배되었다.

우리는 또 다시 같은 역사를 반복해야만 하는 것인가?

개인투자자들에게 최고의 시대라는 것은 없다.

시장은 언제나 상승 후엔 하락한다.
많은 기업들과 투자자들이 그 과정에서 사라진다.
새로운 투자자들이 시장에 진입하고
새로운 기업과 산업이 나타난다.
시장은 상승하고 다시 하락한다.

전체 지수의 관점에서
시장은 지속적으로 상승했고
어느 시점에서는 최고의 시대라고 말할 수도 있으나

개인투자자의 입장에서는
사람들이 최고라고 말하는 그 즈음에
하락을 대비하고 새로운 투자를 시작할 판을 다시 짜야 한다.

2008년 겨울, 뉴욕 맨하탄

맨하탄 32가 한인타운에
미국인들이 줄을 길게 늘어 섰다.

다음 블록 어디쯤에선가
채용박람회가 있었고
그곳에 들어가려는 사람들은
한 블록을 돌아서까지 긴 줄을 유지하며
추운 도시의 빌딩 속 골목 바람을
온 몸으로 버티고 있었다.

그 길을 보며
신문에선 불황과 침체를 이야기 했고
나는 주식을 사라는 보고서를 맨하탄 한인들에게 배포했다.

사람과 사회에 대한 관찰은 투자의 시작이고 끝이다.

2020년 봄, 한국 시골 집

사람들이 죽어 간다.
바이러스는 사람들을 집 안에 가두었다.

3월, 미국에서 확진자가 폭발하고
주식시장이 연거푸 내려앉을 때
세상은 무너질 거라는 뉴스 속에 나는 용기를 내었다.

무너져 내리는 가격은
죽어가는 사람들을 외면하고
새로운 기회의 시작이 된다.

냉혹한 자본주의 속에
죽음의 아우성을 외면하고 기회를 엿보았던
비열함마저 느껴지는 나의 투자가
수익의 시작이다.

무너지는 법

"무너질 땐, 오직 혼자만 무너져라"
주식시장에서의 나에게 오직 한 가지 유일한 절대명령이 있다면
바로 이것이다.

결혼 후에도 내 명의로 된 어떤 것도 가져 본 적이 없다.
은행 계좌는 오직 1개뿐
주식거래, 자동차, 집, 하다 못해 핸드폰조차…
왜 그렇게 살았을까? 뭐가 두려웠을까?

미국 땅에서, 미국 주식을 접하고 3년쯤 지나면서 시장에 휩쓸리며
살았던 내 2030 시절을, 나는 지나간 그 시간들을 후회했다.

그렇게 휩쓸리듯 살며 투자하지 않아도 충분히 잘 살 수 있다.

공모가

회사) 우리 회사의 가치는 얼마나 될까요?

주관사) 이 회사의 가치는 ***,000원 입니다

회사) 우리 회사 내년 매출이 최소 30% 성장입니다.

주관사) 그렇다면 공모가 2,000원 더 받으실 수도 있습니다.

기업의 상장에서 증권사와 기업 사이에 이런 대화를 원한다면
당신은 주식시장의 호구가 맞다. 현실은 다르다.

주관사) 사장님 얼마 원하세요?

회사) 저쪽 회사가 5천원 받는데 우린 6천원 해줘요.

주관사) 곤란한데요. 그래도 사장님이 원하니까 할 수는 있죠.
그런데 수수료는 2억 정도 더 쓰셔야 합니다. 회사에 50억 더 들어
오는데 그 정도는 괜찮으시죠?

회사) 그래요. 6천원 받아준다는 데, 잘해봅시다.

가격은 일부에서는 만들어진다.

아마존닷컴

아마존닷컴이 S&P500 지수에 편입되었다.

인터넷에서 물건 파는데 유통주가 아니라
기술주로 편입이 되었다.
기술주가 아니면 유통주로는 편입이 어렵다는 이유에서
위원회는 별도 회의를 거쳐 기술주라고 해버렸다.
그렇게 아마존닷컴의 주가는 다시 올라갔다.
지수의 안정성을 우선시하던 S&P500 지수에 순수 사업에서
적자를 내고 있는 기업 테슬라를 편입시키는 것도 이와 같다.
테슬라의 주가 역시 다시 올라갔다.

이렇게 시장의 편의에 따라서도 가격은 만들어진다.
어느 장터 시장 바닥에 놓인 물건의 가격과 주가
그 본질은 그다지 다르지 않을 수도 있다.

감성 & 사람 & 투자

수없이 나타났다 사라지는 아이돌, 언제나 화려함이 넘쳐난다.
하지만 가끔, 통기타 하나에 목소리만으로 감동을 전하는 그런 노래를 듣고 싶어 유튜브를 뒤진다.
감성, 감동이 없는 화려함은 그저 지나 갈 뿐이다.
최고의 스타들을 보면 늘 감동 스토리가 만들어진다.

투자에서도 역시 인간 본연의 감성과 감동이 없다면 수익은 오래가지 않는다. 나를 감동시킬 수 있는, 그런 기업을 찾는다면 수익은 자연스레 따라온다.

2017년도에 분기 실적이 급락한 기업에 투자를 한 적이 있다. 그 돈의 사용처를 보니 해고자들의 1년간 급여와 교육비로 지원을 했다고 되어 있었다.

세상에 아직도 이런 회사가 있구나!
매수를 추천했고, 당연히 수익이 크게 돌아왔다.
주식, 이래서 사람이 하는 일이라고 하는 거다.

영끌

영혼을 끌어 담은 투자를 뜻하는
'영끌'이라는 단어를 한국에서 처음 들었다.
누가 이름 지었을까? 참 재미있게도 지었다.
마치 피리 부는 사나이가 재미있게 쥐들을 바다로 몰아넣듯 학생 주부 아이들까지 손실의 세계로 밀어 넣었다.

"빅히트 주식 상장 직후 대주주가 팔았다!"
그래서?
그들은 리스크 안고 투자해서 합법적으로 공모 후에 팔았다. 도대체 뭘 따지려는 거지?

오히려 리스크는 안지고, 대박만 꿈꾸며, 자기 능력 밖의 금액으로 완전하게 "투기"를 함으로써 과도한 매수로 수급을 망가뜨리고, 시장 가격을 교란한 영끌이 잘못한 거다.

"빅히트 주식 공모가격 결정 기준을 명명백백 밝혀달라"

진짜 어처구니가 없다. 공모주에 돈 밀어 넣으면서 청약서 한 번을 안 읽고 넣었다고?

상식적으로, 청약서 보고 공모가 확인하고 수긍하니까, 첫날 따상 치고, 더 올라갈 거 같으니까, 돈을 넣은 거 아닌가?

설마 청약서도 안 보고, 공모가 어떻게 결정된 건 지도 안 보고, 청약서에 기존 대주주들 기관투자자들 언제 보호예수 풀리고 매도 물량 나올지 그런 기본적인 내용조차 안 읽어 보고 공모주에 투자를 했다고?

청약서에 그런 내용 다 있다는 거 알기나 할까?

설사 그들이 보호예수 어기고 팔 수 있었다고 해도, 그것 역시 시장의 리스크일 뿐이다. 그들은 법적 책임을 지면 그만이다. 그게 바로 주식시장이다.

얼마나 용감하면 이렇게 투기를 할 수 있을까?

비열한 시장, 외로움에 지쳐있는 그대에게

주린이

주식하는 어린이를 뜻한다.
이렇게 이름 짓는 게 재미있을까?
소외감 들게 해서 따라오게 만드는 건가?
뭔가 우쭐하게 만들어서 허영심을 채워주려는 건가?

월가의 사례에서도 보듯이 주식은 원숭이도 한다. 주식 투자에 필요
한 기본적인 이론은 한 달이면 대충 외울 수도 있다. 심지어 초등학
생일지라도 주식은 누구라도 할 수 있다. 따라서 어린아이가 주식투
자를 하는 것은 전혀 대단한 것이 아니다.

좀 더 삶을 살아 본 후에 해도 늦지 않다.
모든 건 때가 있는 법이다.

푼 돈으로 아이를 인생 실패의 급행열차에 태우지 마라!
시장은 실패의 확률이 압도적으로 몇 배나 더 높으니까

Again 1990's

포트폴리오를 구성하는 데, 같은 산업의 주식은 담지 마라?
어느 TV 프로그램에 이렇게 초보 연예인 투자자를 가르치고 있었
다. 펀드매니저라면 그럴 수도 있다.
하지만, 개인투자자들이 반드시 그럴 필요는 없다.

by Yahoo Finance

차트는 2020년 5월초부터 10월말까지 기간 동안, 오른쪽 끝 맨 위에
Line 차트가 ETSY, 중간에 캔들차트가 아마존닷컴, 오른쪽 맨 아래
Line 차트가 이베이의 주가 비교 흐름이다. 세 기업은 동일 산업에
포함된다.

그리고 다음과 같은 전략으로 투자를 한다.

1) 코로나19 상황에 온라인 쇼핑의 매출급증이 예상되었고, 투자자는 위 세 종목을 각 30%씩 매수했다.

2) 5월이 지나고, 6월 중순이 되는 동안 세 회사의 주가는 조금씩 상승을 보였다. 에트시가 언론의 주목을 받으면서 빠른 상승을 보였지만 아마존과 이베이도 실적 이슈가 부각되면서 7월 중순까지 고르게 상승을 보였다.

3) 7월 중순이 지나면서 아마존닷컴이 실적 개선에도 불구하고 주가가 3천불을 넘어서면서 흔들리기 시작한다. 이베이도 이에 동조해서 함께 흔들린다.

4) 아마존닷컴과 이베이의 비중을 절반 수준으로 줄이고, 에트시 주가가 7월초 전고점을 돌파하는 시기에 수익금을 제외한 매도금액으로 에트시 매수량을 늘린다.

5) 8월 중순 이후 에트시 주가가 추세선을 하향 이탈하기에 아마존닷컴과 이베이 매각 자금으로 매수한 수량만큼 수익을 실현한다.

6) 9월 들어 3분기 실적 예상치들이 나오고 온라인 쇼핑산업은 여전

히 강세를 보일 전망이다. '하지만 거래량이 증가하면서 수익실현 혹은 뒤늦게 매수에 동참한 투자자들의 실망매물로 주가는 하락한다. 하락에 맞춰 아마존닷컴과 이베이는 모두 수익을 실현한다. 거래량 증가와 함께 조정이 마무리 되는 상황에서 아직은 관심이 살아 있는 에트시에 다시 수익금을 제외한 투자금을 모두 밀어 넣는다.

7) 10월이 되고 에트시 상승이 갑작스럽게 꺾이면서 상승추세 라인이 무너지는 모습을 보인다. 코로나19 재확산과 추가부양책 지연 그리고 경제봉쇄 등 악재가 너무 많다. 에트시 전량 수익 실현한다.

위 전략과 스토리는 아주 상식적이고 개인투자자들이 많이 사용하는 전략이다. 일반적인 포트폴리오 운영에서도 개인투자자들에게 매우 유용한 방법이다.

어디 한 구석 투기라던가 무의미한 내용으로 진행된 투자는 없다. 오히려 안정된 산업 내에서 적절한 종목구성으로 불필요한 가지를 가지치기 하듯 그렇게 좋은 나무를 잘 키우는 모양새가 되었다.

우리는 펀드매니저가 아니다.

그래서 동일 산업 내에서 비중을 조절하기 위해 종목을 선별하거나 매도할 의무가 없다. 그런데 많은 전문가들이 교과서적인 논리로 동일 산업 내 종목은 위험이 분산되지 않는다고 중복투자를 하지 말라고 한다. 아주 구시대적인 90년대 방식의 투자이다.

2020년대를 살아가는 사람들이 다른 모든 것은 앞서가면서, 왜 투자 방법만은 30년 전의 것을 따르고 있을까?

요즘 일부 전문 트레이더 혹은 산업 종사자들 외에 누가 필라델피아 반도체 지수를 매일 살펴보는가? 하지만 20년 전엔 필라델피아 반도체 지수는 매일 아침 종합지수와 함께 소개되어야만 하는 지표였다.

세상은 변하고 지표들의 가치와 시장 역할도 변해왔다. 더불어 투자 전략과 이론들도 변하고 있다.
Again 1990's은 TV 드라마에서만 아련한 추억으로 만나면 될 일이다.

적정 수준 PER 12.0

"가치투자에 있어 가장 중요한 기준이 되는 주가수익배율(PER: Price Earnings Ratio)는 12 수준이 적정하다"

기업명	2020년 3월	2020년 6월
애플	19.79	27.61
아마존닷컴	93.15	106.07
넷플릭스	76.01	76.64
홈디포	(4월) 21.61	(7월) 24.21
테슬라	0	521.65
에트시	62	86.37

by Macrotrends

워렌 버핏이 현금성 우선으로 투자기업들을 선정하기 시작한 90년대 후반을 지나면서 PER는 핑곗거리 수준의 지표가 되어갔다. (하지만, 위 표에서 보듯 동일 산업 내의 에트시가 아마존닷컴 보다 낮은 수준의 PER를 유지하고 있어 저평가 되었다는 정도의 비교평가는 늘 해야만 한다.)

비열한 시장, 외로움에 지쳐있는 그대에게

지난 2020년에 3월 말에 위 종목들을 매수하지 못한 걸 후회하는 투자자들이 너무 많다. 뒤늦게 6월에라도 사지 못한 것을 후회하는 사람들도 많다.

너무 높은 PER 때문에 매수하지 말았어야 하나?

현실을 보여주는 표에서도 그렇고, 2010년쯤에도 주가가 상승하려는 기업의 PER는 22~26 정도는 되어야 한다고 했던 미국 시장의 일반적인 지표분석에서 미루어 보듯, 자격증 수험서적에나 나오는 적정 PER 12 수준을 현실 투자에 적용하는 것은 문제가 있다.

한국 주식들은 원래 좀 PER가 낮게 책정된다는 말들을 많이 한다. 북한과의 지정학적 리스크도 있고, 중국과 미국 같은 대국들 사이에 끼어 있다는 경제적 리스크도 있으며, 수출 의존적인 경제구조와 삼성이 차지하는 비율이 너무 큰 주식시장 구조 등의 이유들로 인해 미국 기업들보다 늘 저평가 받고 있다는 거다. 그러니 전체적으로 저평가 되어 있어서 매력이 더 크다는 웃지 못할 설명까지 이어진다.

시장에서 개인 투자자들이 이기는 법

그렇게 따지면 미국은 서울에선 일어난 적이 없는 911 같은 테러가 맨하탄에서 일어 날 정도로 테러에 노출이 되어 있고, 매년 두어 번씩 대형 산불과 태풍에 수많은 이재민들이 발생하는 자연재해의 위험도 있다.

수만 명이 죽고, 중국의 저가제품들에 소비재 시장은 장악되었고, 애플 아마존닷컴 같은 대형 기술주 몇 개가 삼성만큼의 시장 장악력을 가지고 있다. 제조업은 망가졌고 원유 자동차 등 전통적인 산업들도 무너지고 있다. 아직도 한국의 노비 천민과 같은 인종차별 의식들이 존재하고, 이민자들의 범죄와 무질서 위험도 크다.

Again 1990's는 이렇게 투자지표에서도 나타난다.
기본적인 이론은 같아도 시대에 맞게, 시장의 현재 모습에 맞도록 변수들은 변화되어야 한다.

PER 12 수준을 말하는 이들 때문에
오늘도 한국시장은 저평가 상태를 유지한다.

비열한 시장, 외로움에 지쳐있는 그대에게

기준

사전적 의미는 '기본이 되는 표준'이다.

'기본'이라는 것은 어떤 것을 이루기 위해 가장 먼저 또는 꼭 있어야 하는 것이고, '표준'이라는 것은 여러 가지 다양한 것들이 섞여 있는 범주에서 가장 일반적이거나 평균적인 것을 뜻한다.

기본은 시장이 아닌, 인간으로서의 기본 즉 '인성'을 갖추어 세상의 흐름을 읽을 줄 알아야 하는 것이고

표준은 주식시장이 아닌 우리들 삶에서 일반적이고 평균적인 '상식'을 뜻하는 것이다.

얄팍한 기술이나 지식이 아니라, 인성과 상식으로 하는 투자가 진짜 투자이다.

주식투자는 마음의 사업이다

주식투자는 크게 전략과 마음으로 나뉘게 됩니다. 수없이 넘쳐나는 전략에도 개인투자자들이 이기지 못하는 시장, 성공보다 실패가 압도적으로 많은 시장에서 이제 투자자들은 자신의 마음을 들여다 보아야만 성공으로 나아갈 수 있습니다.

"솔직한 표정으로 작게 웃는 법을 배울 때, 비로서 가족들은 당신에게 관심을 가지다."

개인투자자로서의 삶을 살아보았다면 누구나 느껴봤을 가족 안에서의 외로움에 대한 감정입니다. 저자는 그 외로움을 극복할 수 있는 단순하지만 현실적인 방법을 '솔직한 작은 웃음'이라고 제시했습니다. 밥상에서 가족들과 작은 웃음조차 진심으로 함께하지 못하는 투자자들의 마음을 깊이 이해하고 있는 것이기에, 작가의 개인투자자로서의 오랜 삶이 느껴지는 대목입니다.

"'내 탓이오~~'는 잘못된 방법이다. 더 명확한 이유를 끝까지 찾아

내야만 한다. 비우려고만 하지 말고, 실수를 찾아 경험으로 나를 더 채워야 한다. 비우는 것은 충분히 채운 다음에 해도 늦지 않다."

개인투자자들의 실수 중 하나가 너무 일찍 포기한다는 것입니다. 그 이유 중 하나는 일반화된 인문학적 사고들이 투자자들의 마음을 더 지치게 만드는데 있습니다. 주식시장은 매우 특별한 시간 속에 놓여진 공간이기에 일반화된 인문학적 마음으로는 위기를 헤쳐나갈 수 없습니다. 따라서 투자자로서 생각하고 행동하는 법을 익혀야만 합니다. 이 책은 국내 최초로 그 방법에 대해 투자자들이 공감할 수 있는 글들로 채워져 있습니다.

"지난주는 진입하는 용기가 필요 했고, 이번 주는 헤지라는 교활함이 필요하다. 그리고 앞으로 2~3주간 우리에겐 시장을 지켜 볼 인내심이 필요하다."

'실전투자'에 대해 이토록 깔끔하게 정의할 수 있는 것에 감탄합니다. 더 이상 어떤 전문가들의 말을 덧붙여도 그저 군더더기에 불과할 것입니다. 용기와 교활함과 인내심은 성공하는 투자자가 되기 위한 가장 기본이 되는 마음입니다.
안타깝게도 주식 시장엔 성공을 위한 마음을 가이드 하고, 실패한 이들의 마음을 달래 줄 어떤 장치도 없습니다. 그래서 실전투자 30

년의 저도 늘 마음을 강조합니다. 이 책을 통해 성공을 원하는 투자자들이 흔들림 없이 추세를 탈 수 있도록 마음 다스리는 법을 생각하고, 실패한 투자자들이 최선을 다했다 스스로 위로하지 말고 새로운 시작을 위해 냉철하게 자기 마음 속을 들여다 볼 수 있는 좋은 기회가 될 것입니다.

금융작가 김태수의 "힘겨운 시장, 외로움에 지쳐있는 그대에게"는 작가의 다양한 증권업계 경험과 한국과 미국에서 경험한 투자자들과의 상담을 토대로, 투자자로서의 생각과 행동의 방법에 대해 매우 디테일하고 감성적으로 공감할 수 있도록 이야기들을 엮어 놓았습니다.
자신의 마음을 들여다보고 나아가 시장의 심리적 변수까지도 가늠해 볼 수 있도록 개인투자자들에게 새로운 생각의 방향을 제시해 줄 것이기에 추천 드립니다.

지금 주식투자로 힘들어하는 주위 분들에게 이 책을 선물하세요.

이승조 (필명 : 무극선생) / 다인인베스트먼트 대표